Achter de schermen bij
Oplichters in het buitenland

Eveneens van Kees van der Spek:

Achter de schermen bij Peter R. de Vries

Kees van der Spek

Achter de schermen bij Oplichters in het buitenland

De Fontein

MIX
Papier van verantwoorde herkomst
FSC® C004472

Eerste druk mei 2016

Omslagontwerp Marry van Baar
Foto's omslag en binnenwerk © Kees van der Spek
Opmaak binnenwerk Pre Press Media Groep, Zeist
ISBN 978 90 261 4046 4
ISBN e-book 978 90 261 4047 1
NUR 339

www.uitgeverijdefontein.nl

Voor mijn zonen Joep, Jesse, Joël en Sil

Inhoud

Afrika

Noord- en Zuid-Amerika

Voorwoord

Op de bonnefooi met een camera op pad, dat is in de televisiewereld een zeer ongebruikelijke manier van werken, omdat het zo extreem risicovol is. *Oplichters in het buitenland* is elke reis een sprong in het diepe.

Puur op gevoel stellen we aan het begin van iedere nieuwe reeks een lijst samen van bestemmingen die in aanmerking komen voor het programma. Natuurlijk wordt er vervolgens door de redactie via internet en slachtoffers zo goed mogelijk gerechercheerd naar de lokale *scams*, maar erheen gaan blijft telkens een ongewisse onderneming. Je kunt immers geen afspraken maken met oplichters, want dan is het niet meer echt. Ze moeten er maar net zijn... en ze moeten maar net mij uit de meute toeristen pikken.

We zorgen altijd dat we zeven dagen ter plekke zijn. Inclusief reisdagen ben je dus negen dagen van thuis. In die week dienen we voldoende materiaal te scoren om een hele uitzending mee te kunnen vullen. Soms is het na één dag al bingo, en soms loop je je helemaal het schompes door een hete, verre stad en haal je de buit pas op dag zeven binnen. Dat is het risico van een écht realityprogramma.

Het is tegen alle wetten van de logica in elke keer gelukt. Zesentwintig maal op rij.

We reizen altijd maar met z'n drieën. Marijke, mijn steun en toeverlaat, en Joep of Marco. Zij zijn de cameramannen die om beurten meegaan. Mijn helden.

We arriveren ongeveer tegelijkertijd met de taxi op Schiphol. In de vertrekhal geven we elkaar een dikke knuffel. We kijken elkaar even aan met een glinstering in onze ogen en roepen dan in koor: 'Waar zullen we vandaag op vakantie heen gaan?'

Na het inchecken drinken we nog een kop koffie. Als de waarschuwing 'mind your step' aan het einde van de loopband naar de gate klinkt, begint het nieuwe avontuur.

Ik heb met voorsprong de mooiste baan van de wereld. En wanneer ik zo meteen (echt) oud ben en mijn kleinkinderen zitten voor 't knappend haardvuur om me heen, dan heb ik ze heel veel te vertellen:

Hoe opa in Shanghai werd gegijzeld.

Over die keer in Jamaica toen hij iemand omkocht om een geheime wietplantage in de bergen te mogen zien.

Of over de dag dat hij in de sloppenwijken van Rio de Janeiro via allerlei duistere steegjes in het huis van een echte *bichero*, een lokale maffiabaas, terechtkwam.

Ook kan opa Kees uren doorgaan over de geheimen van Istanbul, de linke timeshare-handelaars op Bali en de schaars geklede dames die hem op een goede dag hebben gedrogeerd in een kroeg in Kuala Lumpur.

Ik heb nog geen kleinkinderen, maar mijn vier zonen weten wat mijn devies is: beleef avonturen. Ga op reis. Spaar niet te veel voor later, maar gebruik het geld liever nu om de wereld te verkennen. Reizen, ontdekken, avonturen. Draal niet. Ga!

'Maar je wordt toch overal opgelicht?' vragen mensen zich vaak af als ik mijn reislust en mijn hang naar avontuur weer eens aan iemand probeer op te dringen.

Klopt helemaal.

Toeristenoplichting is een omvangrijke industrie. En dat is meer dan logisch, want er valt flink geld te verdienen aan de hordes vakantiegangers die samendrommen bij de Sint-Pieter in Rome, de Golden Boeddha in Bangkok of op The Strip in Las Vegas.

Toeristen bezitten zonder uitzondering geld, anders konden ze de hele trip erheen immers niet maken.

Toeristen zijn doorgaans argeloos. Ze hebben een zeker laissez faire, laissez passer over zich. Ze zijn niet op hun hoede. Ze kunnen na een jaar ploeteren onder een tl-buis op een kantoorverdieping in Bussum, eindelijk in Cancun de teugels laten vieren.

Toeristen zijn wereldvreemd op de plek waar ze belanden. Ze zijn er niet thuis en staan daardoor automatisch op achterstand bij het lokale oplichtersgilde.

Argeloos zijn ze, onwetend en met een volle portemonnee.

Toeristen zijn dé ideale prooi.

Moeten we dan maar niet meer gaan reizen en net als Godfried Bomans' oom Jaap stiekem in Nederland blijven?

Als oom Jaap op reis ging, deed hij het volgende: hij kocht in een winkeltje in Haarlem honderd ansichtkaarten, waarop moeilijk bereikbare stukjes van de aardbol waren afgebeeld: de top van de Vesuvius, de hellingen van de St Gotthard of een fijn puntje in de Pyreneeën. Op de achterkant schreef hij honderdmaal dezelfde mededeling: 't Was een hele klim, maar ik heb doorgezet. Wie niet waagt, die wint niet. Jullie hebben 't maar makkelijk! Alles thuis goed? Jaap. (...) Oom Jaap echter zat in Helmond, waar hij met een andere nietsnut zijn vakantie al biljartend doorbracht. De ansichtkaarten stuurde hij naar een vriend in Milaan of IJsland die ze daar in partijtjes van twintig op de bus deed.

In *De kunst van het reizen* steekt Bomans aldus pagina's lang de draak met mensen die van reizen houden. Ze moeten worden als oom Jaap, vindt hij.

Ik ben gek op Bomans en ik weet dat hij hier helemaal niets van meende. Het is scherts. Bomans heeft zelf namelijk juist heel erg veel gereisd en is daar een rijker mens van geworden.

En zo hoort het ook. Laat je nooit afschrikken door verhalen over geldklopperij en oplichting in verre, vreemde landen. Zie deze verhalen juist als een waardevolle aanvulling en blijf vooral gáán. Ontdek alle uithoeken van de wereld, kom in contact met interessante culturen en word een rijker mens. Net als Bomans.

Maar... blijf altijd op je hoede, want oplichters loeren overal.

De afgelopen vier jaar hebben mijn collega's en ik als 'oplichtingsdeskundigen' zesentwintig bestemmingen onder de loep genomen. In tegenstelling tot iedere andere toerist hadden wij nauwelijks oog voor die mooie kathedraal, dat bijzondere museum of dat historische plein. Wij keken perifeer en loerden voortdurend op 'mannetjes' die op hun beurt weer op toeristen loerden. In zesentwintig landen hebben wij na een week intensief loeren – en onszelf willoos als prooi beschikbaar stellen – elke keer 'de stad gekraakt', zoals wij dat niet zonder trots noemen. Na het lezen van onze avonturen zal niemand zich er meer laten oplichten.

Azië

Als het gaat om oplichting van toeristen zijn Aziaten verreweg het creatiefst. In steden als Bangkok, Kuala Lumpur en Manilla kun je zelfs spreken van een goed geoliede industrie. De oplichters daar bedienen zich vaak van behoorlijk doordachte trucs, waarbij de toerist eerst wordt ingelijfd in de familie- of vriendenkring en dan bijvoorbeeld op listige wijze wordt gedrogeerd alvorens te worden bestolen.

Berucht is de fascinerende *blackjack*-scam, die in zwang is in geheel Zuidoost-Azië. Hier besteden we uitgebreid aandacht aan in dit boek.

Ook het trainen van apen om portemonnees van reizigers te stelen op Bali getuigt van raffinement. Aziaten steken van alle volken de meeste tijd in hun trucs. Niet zelden word je als toerist (met name alleenreizende backpackers) meegelokt in een avontuur dat makkelijk een hele dag kan duren... om er dan achter te komen dat al je geld weg is.

Maleisië

Kuala Lumpur is niet wat het lijkt

NICHT ZU VERKAUFEN. NOT FOR SALE. (THIS IS MY PET NOT FOR EATING.) Staat er met blauwe stift geschreven op een papiertje boven een kooitje met een zwart-wit gevlekte poes erin. Ik loop door Chinatown in Kuala Lumpur, de hoofdstad van Maleisië. Het is *by far* de meest aangeharkte stad in de regio. Alles keurig. Zo ook Chinatown. Kom er maar eens om: een Chinatown in Zuidoost-Azië waar je kattenliefhebbers hebt zoals bij ons. Dus gewoon iemand die een kat heeft om hem te aaien in plaats van te wokken.

En er is meer anders in KL. (Zo noem je Kuala Lumpur als insider. Op z'n Engels '*Kee El*'.) Ons hotel bijvoorbeeld. Een net hotel met een lunchroom eronder. Je kunt er ook ontbijten. Op enkele foto's staan de gerechten afgebeeld. Ik wees gisteren een omelet aan. Dat kreeg ik niet. Ik kreeg twee rauwe eieren in een kommetje met wat ketjap geserveerd. Om door elkaar te roeren. Als ontbijt. Naast het hotel zit een verfwinkel met een groot bord op de stoep: TALENS, KUNSTSCHILDERVERVEN. TALENS & ZOON N.V. APELDOORN.

Zo zie je maar: KL is niet direct wat je ervan verwacht. En hier ben ik nu door Chinatown aan het lopen om te worden opgelicht. Soms lees ik berichtjes van reaguurders die mij stom vinden. Ze zeggen dan zoiets als: 'Wat een sukkel, die Van der Spek. Hij reist zo veel, dat je daar dan nog intrapt.' Dit zijn mensen die het concept van het programma niet begrijpen. Ik wil worden opgelicht, daarom doe ik inderdaad zo stom mogelijk. Ik zeg expres tegen iedereen op straat die me aanspreekt 'ja' en loop dan mee, als een mak schaap naar de slachtbank. In de hoop dat me iets redelijk ergs overkomt. Dus: ik ben niet stom. Ik doe stom. Bewust.

Een louche gids

Cameraman Joep en collega Marijke zitten in mijn kielzog. Ze zijn mijn rotsen in de branding, maar ik mag ze niet aanspreken. Ik moet zelfs oogcontact vermijden. Want als oplichters in de smiezen krijgen dat ik niet alleen ben, dan is het spel over. Zo zien we het ook echt, als een spel.

Een minuut of tien geleden zijn we de hotellobby uitgewandeld. Bij de deur voor vertrek knip ik altijd overal ter wereld met mijn vingers en zeg: 'Vanaf nu kennen we elkaar niet meer.' Dit is een vast ritueel. Zonder om te kijken loop ik dan de straat in, wetend dat mijn twee beschermengelen in de buurt zijn. Ze spelen een stelletje en letten intussen met een scheef oog op mij. En als ik word aangesproken of meegelokt, dan proberen ze me zo onopvallend mogelijk te filmen.

Chinatown KL staat in de reisgidsen te boek als behoorlijk gevaarlijk. Het is niet erg groot. Goedbeschouwd beslaat het amper een stratenblok, grenzend aan Central Market. De hoofdingang wordt gevormd door een pagode boven Petalingstreet. Het is er de hele dag een drukte van belang. In de avond is er markt. Maar erg gevaarlijk? Ik zie het nog niet echt.

Om de hoek, net buiten Chinatown, kijk ik achterom. Ik zie Marijke en Joep niet. Dat is altijd een beetje balen. Marijke heeft een oortje – zogenaamd van haar mp3-speler – en kan mij horen. Ik roep iets in de lucht. Ik denk dat ze te ver weg is. Het bereik van die dingen is hooguit dertig meter. Dan pak ik m'n telefoon en bel 'Marijke Buitenland'. Dat is haar nummer van het buitenlandmobieltje dat we altijd meenemen, met een speciaal abonnement. Dit is een dingetje van de afdeling Productie in Amsterdam. Schijnt veel goedkoper te zijn. Marijke neemt niet op. Dan bel ik 'Joep Buitenland'.

'Marijke werd net aangesproken door een enge gast. Kunnen we misschien wat mee. We komen naar je toe,' zegt de cameraman, die probeert de opwinding in zijn stem te onderdrukken. Joep is namelijk Mister Cool.

Dit gebeurt wel vaker. Ons doel is natuurlijk laten zien hoe oplichters te werk gaan doordat ik mijzelf laat oplichten. Maar soms blijken ook mijn volgers prooi. Joep was even snel water gaan halen bij een kraampje en Marijke stond zodoende alleen op straat te wachten. Een man op een brommer stopte naast haar en vroeg of ze alleen was. (Dat is al geen beste eerste vraag.) Daarna stelde hij haar voor om haar de stad te laten zien. Achterop zijn brommer. De man rook erg uit zijn mond. Marijke had – heel slim – gezegd dat ze onderweg was naar haar hotel, maar dat ze over een uurtje weer op dezelfde plek zou zijn. En dan zag ze wel wat ze deed.

Dit kon inderdaad weleens een onderwerp voor het programma worden. Goed dat Marijke niet meteen hapte, want zowel Joep als ik was haar dan kwijt geweest. Dat zou veel te gevaarlijk zijn en ook niet onbelangrijk, dan hadden we niets op beeld. We gaan snel terug naar ons hotel om de batterijen van de verborgen camera's te verwisselen. Met nieuwe batterijen kun je namelijk weer vier uur vooruit. Er is na het verversen van de batterijen nog genoeg tijd over voor *kopi*. Want zo schrijven ze koffie in het lunchtentje naast ons hotel. In heel Maleisië trouwens. Op dit soort momenten spiegel ik mezelf graag de ideale loop van de komende gebeurtenissen voor:

Dat Marijke zo wordt aangesproken en bij de man achterop stapt. Dat Joep en ik dit alles vanuit een taxi perfect vastleggen. Dat de brommer met Marijke wegrijdt en dat onze taxi geruisloos de achtervolging inzet. Ook nu weer wordt alles duidelijk in beeld gebracht. Dat de chauffeur van onze taxi ons even later waarschuwt dat we een heel erg gevaarlijke wijk in rijden. Eentje waar westerlingen niet veilig over straat kunnen. Ook niet overdag. Dat we het tweetal toch blijven volgen. Het wordt al avond.

Dat de brommer na een uur stopt voor een luxe villa aan de rand van de gevaarlijke buurt. Dat een elektrisch hek opengaat en er een Chinese slangenkop met bleek, pokdalig gezicht in een zijden maatpak komt aanlopen, geflankeerd door twee bodyguards met aan de riem rukkende dobermanns. Dat Marijke mee moet. Dat ik dan met een in Chinatown aangeschafte taser in mijn hand uit de taxi stap en de man dreigend met luide stem sommeer mijn medewerker direct te laten gaan. Ze staat immers op het punt om als seksslaaf te worden verkocht.

Dat dit hele tafereel door Joep weergaloos in beeld gebracht wordt. De slangenkop en zijn bodyguards zijn totaal verbijsterd. Nooit eerder heeft iemand tegen de maffiabaas zijn stem durven te verheffen. In de verwarring zet Marijke het op een lopen. De dobermanns worden losgelaten, maar Marijke is net op tijd bij onze taxi. Onze chauffeur scheurt vol gas weg, en voor de misdadigers in hun auto kunnen stappen zijn wij de hoek al om. We melden ons bij een politiebureau en de hele bende wordt diezelfde avond voor onze ogen opgerold. Een dozijn gevangen toeristen wordt bevrijd. In vieze en gescheurde kleding lopen ze wankelend en huilend van geluk hun vrijheid tegemoet. We zijn helden. Daar komt de satellietwagen van CNN.

Het uur is nu bijna voorbij en de tweede kop kopi is op. We gaan naar de straathoek waar Marijke een halve afspraak heeft met de man. We realiseren ons dat het geen optie is om Marijke achterop die brommer mee te laten gaan. In tegenstelling tot mijn fantasie, zullen we haar in het echte leven onherroepelijk kwijtraken in het chaotische verkeer.

Joep en ik kiezen los van elkaar positie. Ook nu mogen we niet gekoppeld worden, want mogelijke oplichters zullen ons dan kunnen linken als we later die week in de oude samenstelling weer ons rondje doen.

Marijke staat nog geen kwartier op de straathoek waar ze werd aangesproken, met een flesje water in haar hand en turend in een *Lonely Planet*, als de man met de muffe adem ten tonele verschijnt. We hebben van zender gewisseld en ik hoor in mijn oortje dat hij iets aan haar vraagt. Dan sterft het geluid weg in een langzaam toenemend gekraak en gesis. Shit! Dat zul je altijd zien: storing op de zender.

Het lijkt erop dat de man akkoord gaat met een rondleiding te voet, want ik zie hoe hij z'n brommer parkeert en Marijke meeneemt over het zebrapad tegenover winkelcentrum Kota Raya, naast Chinatown. Dan pakt hij Marijkes hand. Ik ben ze kwijt. Joep staat verderop en gebaart dat hij ook geen zicht meer heeft. Heel frustrerend dit. Ik bel Joep en we besluiten op de gok maar Chinatown in te lopen. Dat is waar je als dubieuze gids vanaf deze plek je willoze slachtoffer naartoe brengt, lijkt ons.

Opeens hoor ik dat mijn oortje weer bereik heeft. Ze zijn inderdaad in Chinatown. Ik hoor Marijkes stem en die van de gids. Maar ik kan er niks van verstaan. Het klinkt wel een beetje opgewonden allemaal. Ik ben er niet gerust op. Hoe konden we haar nou zo snel uit het oog verliezen? Joep en ik lopen nu twee meter achter elkaar en wurmen ons door de massa's Chinezen, kraampjes en toeristen. Ik voel een lichte paniek opkomen. Wat als er nou echt iets mis is? Marijke is natuurlijk zo een of ander goor hok ingetrokken.

Dan hoor ik weer stemmen op mijn oortje. We zijn nu dichtbij. Er wordt druk gepraat. In het Chinees en het Maleis. Dit klinkt niet goed. Het geluid wordt steeds helderder. Nog een straathoek, en dan... als kinderen van het licht staan we opeens tegenover elkaar. Marijke staat bij een paar Chinese straatverkopers.

De louche gids is weg. Hij is weggejaagd door de straatverkopers. Die zagen hoe Marijke werd meegetroond en herkenden de man als een gevaarlijke oplichter. Eentje die inderdaad toeristen meelokt en ze dan ergens in een achterafsteegje berooft. De Chinezen in het gevaarlijke Chinatown ontpopten zich dus als redders van de weerloze toerist in gevaar. Zo kan het ook.

We hebben jammer genoeg niets van dit alles op beeld vastgelegd. Marijkes verborgen camera bleek halverwege het avontuur te zijn gestopt. Daarom moet het nu blijven bij deze schriftelijke vaststelling: Chinatown in Kuala Lumpur is relatief veilig. Maar loop niet met zomaar iemand mee, als die aanbiedt je wel even de stad te laten zien.

We hebben nog een paar keer onopvallend gepost bij de straathoek waar Marijke werd aangesproken. Maar de foute gids liet zich niet meer zien. En zo kan het gebeuren dat een potentieel spannend onderwerp de uitzending niet haalt.

Stronteigenwijze taxichauffeurs

Buiten Chinatown zijn er nog diverse toeristische hotspots in de stad waar de toerist prooi is van oplichters. Om daar te komen, pak je de taxi. En de taxi's van Kuala Lumpur zijn weer een verhaal apart.

De chauffeurs zijn onder te verdelen in goudeerlijke en oplichters. Ze rijden allebei in dezelfde taxi's. Je ontdekt het verschil dan ook pas als je instapt. De eerlijke chauffeurs – sterk in de minderheid – zetten keurig de meter voor je aan en een ritje van Chinatown naar de Petronas Towers kost je dan ongeveer acht ringit. Je geeft er twee fooi. En voor tien ringit is iedereen blij.

De oplichters onder de taxichauffeurs kenmerken zich door een extreme afkeer van hun eigen taximeter. Ze hebben een hele waslijst aan smoezen paraat waarom de meter juist als jij instapt niet aan kan: druk verkeer, een feestdag, avondtarief... noem maar op. Er moet daarom een prijs vooraf worden afgesproken. Meestal komt dat neer op vier a vijf keer het normale tarief. Deze truc wordt overigens alleen bij toeristen uitgehaald.

Het aardige van het keurige KL is dat de lokale overheid de toerist een goeie escape biedt. In elke taxi zit op het dashboard, verplicht, een rode sticker met daarop in duidelijke grote witte letters het nummer van de toeristenpolitie. Dit nummer kun je bellen 'als de chauffeur weigert zijn meter aan te zetten'. Staat er gewoon op! Terwijl de chauffeur ernaast op datzelfde moment dus volhardt in het tegendeel van zijn eigen stickertekst.

Nu is het zinloos om dat nummer te gaan bellen voordat de chauffeur gaat rijden. Hij mietert je gewoon zijn taxi weer uit. En ga dan maar eens een andere vinden die wel eerlijk is. Zeker bij toeristische trekpleisters spannen de oplichters samen en de eerlijke chauffeurs worden daar niet getolereerd. Ze verpesten immers de markt. Wat je wel kunt doen, maar dit vereist wel wat lef, is gewoon instappen, nauwelijks reageren op de illegale prijsafspraak en tijdens de rit opzichtig het nummer op het dashboard bellen. Dan is de man weg van zijn collega's en zal hij met een norse blik direct de meter aanzetten. Heb je bovendien de eerste helft van je rit gratis.

Toch moet me hier ook iets van het hart. Een chauffeur die bij ons de meter niet aan wilde zetten had geen goeie smoes paraat, maar verklaarde zijn weigering simpel: 'Als ik bij elke rit de meter aanzet, kan ik onmogelijk mijn vaste lasten betalen. Dan heb ik bijna geen inkomen. Jullie toeristen zijn onze enige hoop op wat extra geld.' Tsja, gedoseerd de toeristenpolitie bellen, zou ik zeggen.

Om te voorkomen dat je in een regelrechte oorlog om de centen van de toerist belandt, moet je bij de KL-tower scherp opletten welke taxi je neemt. De KL-tower is een soort Euromast, maar dan veel hoger, waar soms skydivers vanaf springen. Om er te komen rij je met de taxi een afgeschermd terrein op. Onder aan de toren is een soort doorgang gemaakt waar taxi's keurig achter elkaar wachten op de toeristen die naar boven zijn geweest en weer wegwillen. In een vrij onopvallend loketje dien je als toerist eerst een – veel te duur – taxikaartje te kopen voor je ritje terug naar je hotel. Dit is een slimme samenzwering tussen de staat en de taxiwereld. Je betaalt vier of vijf keer het normale tarief en iedereen pikt een graantje mee.

Ik zag het loketje over het hoofd en stapte plompverloren in een aankomende taxi. Fout! Mijn net nieuwe chauffeur werd door de meneer van het loketje voor mijn ogen finaal in elkaar gemept. Onder de blauwe plekken en met schade aan zijn auto bracht hij me daarna alsnog naar mijn hotel. Ik vond het zo zielig dat ik hem twee keer het oplichterstarief heb betaald.

De Twin Towers

De hoofdattractie van de stad zijn de Petronas Towers, ook wel Twin Towers genoemd. Het zijn twee enorme wolkenkrabbers van de nationale oliemaatschappij, die halverwege met een loopbrug verbonden worden. Grappig om te zien is dat voor de entree naar de bovenste verdieping twee tarieven gelden: voor de lokale bevolking (goedkoop) en voor de toerist (duur). Dit is een heel normaal verschijnsel in Maleisië. Je zou dit voor de grap in Nederland eens moeten proberen, bij het Rijksmuseum of zo.

De Petronas Towers vormen de entree van het KLCC. Een extreem luxe winkelcentrum waar alle bekende dure merken vertegenwoordigd zijn. Hier zie je de toeristen en de Maleisiërs door elkaar voor dezelfde exorbitante prijzen hun Rolexen, Guccitassen en hun Pradaschoenen kopen. Gek eigenlijk.

De achterzijde van het complex bestaat uit een groot, mooi park. Het KLCC City Park genaamd. Hier, maar ook aan de zijkant en de voorkant van de torens, wordt de toerist letterlijk belaagd door verkopers van het laatste type Samsung-telefoon. Ze hebben hem pas nieuw gekocht maar moeten hem wegens plotseling geldgebrek van de hand doen, is het verhaal. Je mag het ding, compleet met doos, voor vijfhonderd ringit hebben. Dat is ongeveer een kwart van de normale prijs.

Allemaal onzin. We hebben er uitgebreid onderzoek naar gedaan en dit is hoe het werkelijk zit.

De telefoons zijn kopieën uit China. De toestellen doen het redelijk, maar de batterijduur is zeer beperkt en nog veel belangrijker: de wifi werkt amper of niet. Aan de toerist worden ze na afdingen dus voor vijfhonderd ringit verkocht. De verkopers bij de Twin Towers vangen vijftig ringit per verkocht toestel van de grote baas. De lokale bevolking (inclusief de politie!) gebruikt ze massaal, en koopt ze voor nog geen honderd ringit. Ze worden verspreid bij enkele officieel ogende Samsung Dealers in winkelcentrum Kota Raya, inderdaad... naast Chinatown.

Er is trouwens nog iets geks met die telefoons, waar ik niet helemaal uit ben. De toestellen zien er verraderlijk knap gemaakt uit. Werkend touch screen, apps die het doen, hoge resolutie foto's, en als je de achterkant openwipt zie je op de batterij een officiële MADE BY SAMSUNG KOREA-sticker.

We hebben daarom een nepper meegenomen naar een officiele dealer van Samsung in het KLCC-Centre om te vragen waaraan je kopieën herkent. De man keek nog geen halve seconde naar ons exemplaar en zag het al: 'Die van u is vals. Hij heeft een door Samsung niet gebruikte kleurcombinatie van de voor- en de achterkant.'

Ik deed een stap achteruit.

Je bent een heel knappe kopieer-Chinees. Het lukt je om binnen een week of twee het uiterst ingewikkelde mechaniek van de allernieuwste hightechsmartphone volkomen te doorgronden. Je richt vervolgens in ijltempo een illegale fabriek in, ergens ver weg van de bewoonde wereld – in een spelonk bijvoorbeeld. Je werft een paar duizend arbeiders. Niet zomaar arbeiders, maar slimme techneuten die niet te beroerd zijn om illegaal werk te verrichten en bovendien zweren dat ze nergens hun mond over open zullen doen. Dan boor je al je illegale contacten in de bovenwereld aan en fiks je in een mum van tijd een compleet netwerk van distributeurs en platte douaniers, waarmee je binnen een maand half Zuidoost-Azië overspoelt met je secuur nagemaakte telefoons. En dan, dán pas dus, blijkt dat je de kléúr van het achterkantje verkeerd hebt. Hoe hard word je daarmee uitgelachen in de kroeg?

Sodom en Gomorra

Maleisië is een tamelijk streng islamitisch land. Buiten de stad merk je daar wel wat van, maar in KL is het op sommige plekken gewoon Sodom en Gomorra wat de klok slaat. De cd-winkeltjes verkopen porno achter de toonbank. 'We kopen de politie om en daarom worden we met rust gelaten,' verzekert een verkoper me met een brede grijs op zijn gezicht. Elke masseuse in Petalingstreet begint na één minuut over een *happy ending* en sjofele kereltjes polsen in vrijwel elk toeristisch gebied na acht uur 's avonds op straat de alleengaande mannelijke toerist of hij behoefte heeft aan een hoer in z'n hotelkamer. 'Indiaas, Russisch, Chinees, zeg maar welk ras u prefereert meneer.'

Maar de *pubstreets* van Kuala Lumpur slaan alles. Daar is ook nog het allerlaatste restje islam overboord gekieperd.

De bekendste en drukste, en ook de gezelligste, uitgaansstraat van KL is Changkat Bukit Bintang. Hier vind je talloze restaurantjes en bars met veel muziek, veel drank, jolige toeristen en uiteraard veel mensen die daarvan stiekem een graantje proberen mee te pikken.

Nepmonniken schuifelen in oranje pij onderdanig langs de tafeltjes. Nep, want een boeddhistische monnik (dat zijn het zogenaamd) mag niet om geld bedelen. En al helemaal niet 's avonds. Mij is door een lokale kenner terzake verzekerd dat echte monniken alleen voor twaalf uur 's middags om een aalmoes in de vorm van voedsel mogen vragen. Zo niet de nepmonniken van Bukit Bintang dus.

Ook komt er geregeld een alleraardigst Filipijns meisje aan je tafel staan. Of je wat over hebt voor het weeshuis waar ze werkt. Er is pas nog een overstroming geweest. Of een aardbeving. Ze laat een document zien, waaruit moet blijken dat alles *legit* is. Niets geven is ook hier het devies. Het weeshuis bestaat niet. Hier zitten Filipijnse bendes achter. Ze doen het ook in omliggende landen, inspelen op het gemoed van de wat aangeschoten toerist. Een ober heeft het me allemaal haarfijn uitgelegd.

Dit is allemaal echter nog peanuts bij wat je kan overkomen aan de Jalan P Ramlee, een kwartiertje rijden verderop. Daar staat namelijk de Beach Club. Een tent die, anders dan de naam doet vermoeden, midden in de stad staat. In deze Beach Club ben ik zonder dat ik het op dat moment doorhad gedrogeerd.

Van de buitenkant lijkt het een vrij normale bar. Leuk, met een rieten dak, op palen. Helemaal 'strand' dus. Binnen is het er elke avond volle bak, maar na een minuut of twee valt het je op. Al die dames die zoveel plezier maken, zijn zonder uitzondering prostituees. En al die mannen die zich dat laten welgevallen zijn westerlingen. Piloten, expats, noem maar op. De Beach Club is een bordeel dus, zonder dat het op de gevel staat.

Ik stap er alleen naar binnen. Joep en Marijke kiezen positie op het kleine terras van een bistrootje ernaast. Dit klinkt nu misschien al heel zwaar, maar dat is het op dat moment (nog) niet. We zijn deze avond gewoon aan het 'vissen': een beetje rondlopen en kijken wat we kunnen vangen. Niet echt gewapend met een goed uitgestippeld plan. We hebben de meeste scams die we eerder op internetfora vonden wel meegemaakt en kijken nu of er nog iets extra's te halen valt.

Er staat een leeg tafeltje aan de kant waar mijn collega's zitten te doen of ze me niet kennen, daar ga ik zitten. Vanuit m'n ooghoek zie ik dat Marijke haar tascamera in mijn richting heeft opgesteld en ook dat Joep zijn consumentencameraatje zo nonchalant mogelijk op een suikerklontje positioneert zodat mijn tafel goed in beeld is.

Binnen dertig seconden zitten er twee dames naast me. Ze stellen zich eerst netjes voor en vragen meteen daarop of ze me mogen pijpen. Dat wil ik niet. Ik wil gewoon een biertje drinken. Dat mag ook.

In dergelijke situaties moet je altijd maar zien wat er gebeurt. Ik probeer het vandaag op de menselijke toer te gooien. Ik vraag aan de dame die het best Engels spreekt (dus die het duidelijkst *blowjob* kon zeggen in dit geval) of ze kinderen heeft. Die heeft ze inderdaad. Weten die wat ze doet dan? Ze wil het er niet over hebben. Iedere poging van mij om iets te ontdekken achter deze vrouw strandt in een wedervraag met seksuele bijbedoelingen. Ze wil mee naar mijn hotel en me daar verwennen. En o ja, dat biertje dat ze net voor me haalde moet ik nu wel even achterover klokken. Voor we lol gaan maken. Ik drink het biertje op en taai af. Dit heeft weinig zin zo.

Bij de uitgang van de Beach Club blijkt dat het plaatselijke taxigilde goed op de hoogte is van wat zich binnen afspeelt. Een haag van chauffeurs belaagt elke mannelijke bezoeker die vertrekt met de vraag of ze condooms en Viagra willen kopen. De dame die ik net denk te hebben afgeschud, staat buiten plots weer naast me. Of ik niet toch alsjeblieft met haar mee wil. Ze gaat me enorm verwennen, zegt ze. Snel spring ik in een langsrijdende taxi. Ik voel een lichte duizeling.

De chauffeur zag me naar buiten komen en zag ook dat de dame aan me trok. Hij kijkt me bezorgd aan: 'Oppassen hier, meneer. Het is niet veilig op deze plek. De dames stoppen iets in uw drankje en dan lokken ze u mee naar een hotel. Daar gaat u *out* en wordt u beroofd.' Als ik een kwartier later in het hotel ben, heeft de lichte duizeling plaatsgemaakt voor een bad trip. Ik ben compleet van het pad. Ik moet naar bed. Nu. Pas twaalf uur later word ik met een houten kop wakker.

Samen met Joep en Marijke bekijk ik de beelden van de camera's. Het loeder heeft me gedrogeerd.

Maleisië is acht keer zo groot als Nederland. Er wonen dertig miljoen mensen. De nationale munt is de ringgit. Een ringgit is ongeveer 25 eurocent waard. In de hoofdstad Kuala Lumpur wonen bijna twee miljoen mensen.

Hotspots voor oplichters

Hele stad
Taxioplichting.

Petronas Towers
Illegale telefoonverkopers, waarzeggers, leden van de beruchte blackjack-bende. (Zie voor deze laatste groep de hoofdstukken over Phnom Penh, Ho Chi Minh Stad en Manilla.)

Chinatown
Massagesalons die dienen als façade voor bordelen.
Nepgidsen die toeristen willen beroven.

Omgeving Jalan P Ramlee
Drogeertrucs.

Omgeving Bukit Bintang
Nepmonniken, nepcollectanten, gehandicapten die in opdracht bedelen en hun inkomsten aan het einde van de dag moeten afstaan aan de baas.

Vietnam

Ho Chi Minh, de jacht op de blackjack-bende deel 1

De meest exotische, de meest tot de verbeelding sprekende en wellicht de meest risicovolle oplichtingstruc waar je als toerist slachtoffer van kunt worden is met voorsprong 'De Ho Chi Minh blackjack-scam'. Ho Chi Minh is van de naam van de grootste stad van Vietnam. Het is niet de hoofdstad. Dat is Hanoi in het noorden.

Ho Chi Minh Stad (internationaal meestal afgekort als HCMC) is een geliefde bestemming voor toeristen uit het Westen. Het is meer prowesters dan de steden in het voormalige Noord-Vietnam. Ho Chi Minh Stad ademt op veel plaatsen de sfeer van de Franse periode. Brede lanen, mooie 'Parijse' gebouwen, grote parken en vooral District One (het centrum) is voor een Aziatische stad opvallend schoon en netjes.

Deze stad nu heeft haar naam geschonken aan de beruchtste toeristenval van allemaal.

The blackjack-scam

Het gaat bij deze bijzondere vorm van oplichting opvallend genoeg niet om Vietnamezen, maar om een groep Filipijnse daders die ook buiten Ho Chi Minh, in heel Zuidoost-Azië, steden onveilig maken. Er zijn naast Vietnam verhalen van slachtoffers uit Bangkok, Kuala Lumpur, Phnom Penh en Indonesië. De truc treft uitsluitend alleenreizende westerlingen en gaat als volgt:

Je loopt op je dooie akkertje door een park en opeens staat er een aardige dame naast je. Ze begint een praatje. Uiteraard stelt zij eerst de vier standaardvragen die elke oplichter waar ook ter wereld aan zijn of haar slachtoffer stelt:

1) Ben je hier voor het eerst?
2) Ben je hier alleen?
3) Wanneer ben je hier gekomen?
4) Wanneer ga je weer weg?

Op deze manier weet een oplichter of het zin heeft om door te zetten. Als je nieuw bent, alleen reist en snel weer vertrekt, ben je de ideale prooi.

Dan vraagt de dame in kwestie: 'Uit welk land kom je eigenlijk?' En daar zit hem de kneep. Als je namelijk zegt dat je uit Holland komt, kijkt ze zeer verrast op. 'Dat is nou ook toevallig! Ik heb een nichtje en die gaat over een maand naar Nederland. Ze gaat in Amsterdam in het AMC werken als verpleegkundige.'

Krijg nou wat! Dat is leuk, denken de meeste toeristen. Niet beseffend dat als je Frankrijk als land van herkomst had genoemd, hetzelfde nichtje op het punt stond om in een ziekenhuis in Parijs aan de slag te gaan.

Maar dat weet je niet en dus ben je als toerist verrast door deze schijnbare speling van het lot. De vriendelijke dame herpakt zich van haar goed gespeelde aanval van verbazing en vervolgt haar toneelstukje. Ze vraagt of je het leuk zou vinden om het nichtje te ontmoeten. Gewoon bij haar thuis. Het arme meiske is namelijk niet zo bereisd en is best zenuwachtig voor de grote stap naar het verre Europa. 'Worden de mensen daar vaak gediscrimineerd? Wat kost een etage in Amsterdam? Is het openbaar vervoer ingewikkeld?' Ze zit vol vragen en zou het erg op prijs stellen als je haar nichtje wat gerust kunt stellen. Als bewijs van dankbaarheid zal de familie lekker voor je koken.

Wat een ontzettend leuke manier om de lokale bevolking te leren kennen! Vooral backpackers schijnen nogal gevoelig te zijn voor dergelijke buitenkansjes. (Terwijl aan een Filipijns oplichtersgezin in Vietnam natuurlijk bar weinig lokaals zit.)

Op deze wijze worden veel argeloze toeristen in een taxi gelokt en meegetroond naar een woning. Deze woningen bevinden zich bij voorkeur in buitenwijken van de stad. Het zijn mooie huizen.

Maar eenmaal in de woning blijkt dat het nichtje er niet is. 'Grootmoeder is plotseling ziek geworden en ze moest mee naar het ziekenhuis,' is een in de reviews op internet vaak beschreven smoes om de afwezigheid van het nichtje te verklaren. Er moet dus gewacht worden.

Het tweede bedrijf

Tijd voor het volgende bedrijf van het toneelstuk waar je zonder het te beseffen in beland bent: de maaltijd. Er wordt eten geserveerd en het hele gezin eet mee. Het is best gezellig. Er is een oom bij, de dame die je hierheen bracht, een tante die kookt en wellicht nog een verdwaalde neef.

Wat je als toerist niet weet is dat alleen het voedsel op jouw bord een venijnig drogerend middel bevat. Dat is er zojuist in de keuken stiekem ingestopt. Het is een Dormicum-achtig goedje, dat ook in je glas water kan zitten trouwens.

Je hebt niet heel goed door dat er iets met je gebeurt, maar je vindt opeens niks meer gek en je bent aldoor uiterst opgewekt. Precies zoals de bende, in wiens hol je nu zit, het wil hebben: blij en zeer goedgelovig.

Ongemerkt word je steeds gewilliger. Het volgende onderdeel van het grote toneelstuk kan starten. Het nichtje is nog steeds in geen velden of wegen te bekennen als de oom (de zogenaamde vader van het nichtje die hier ook schijnt te wonen) je even apart neemt.

Hij vertelt je dat hij croupier in een casino in de stad is, en dat hij een trucje heeft ontwikkeld waarmee hij bevriende klanten in het casino waar hij werkzaam is, kan laten winnen. Het gaat hier om een corrupte croupier dus. Omdat je lekker in de olie bent van het middeltje vind je helemaal niks meer raar, en dus luister je benieuwd naar de rest van het verhaal.

De oom vervolgt dat hij gisteravond een klant op slinkse wijze heeft geholpen aan een megawinst. Het is een kennis die hij wel vaker clandestien aan een tonnetje of wat helpt in het casino. De kennis woont niet in Vietnam, het is een vooraanstaande oliebaron uit het steenrijke ministaatje Brunei.

Nu is het vervelende, vervolgt de oom zijn steeds maller wordende verhaal, dat die oliebaron hem gisteravond een loer heeft gedraaid. In plaats van de gebruikelijke 10% fooi, heeft de hufter hem helemaal niks gegeven. Door de drugs, vind je dat ook reuzestom. Wat een eikel. Zomaar geen fooi geven. Tssss!

Het laatste bedrijf

De versufte toerist slikt nog steeds alles voor zoete koek. Tijd voor het slotstuk.

De oom neemt de toerist nu bij de arm en zegt samenzweerderig: 'Weet je, vriend. Die zak komt zo bij me langs om een potje te blackjacken. Echt waar! Hier bij mij thuis! Doet-ie wel vaker. Wil jij me dan helpen om hem een poot uit te draaien? Dan leer ik je mijn signalen en trekken we hem samen helemaal leeg. Splitten we achteraf de winst.'

Ondanks de drugs zijn de meeste reizigers nu wel even lichtelijk verbaasd. Toch gaan velen na een korte vertwijfeling akkoord.

Je wordt dan meegenomen naar een ander vertrek in de woning, waar tot je verrassing een blackjacktafel gereedstaat. De platte croupier is nu echt je beste vriend en in ijltempo legt hij een paar eenvoudig te onthouden signalen uit. Het gaat om een nieuw soort blackjack. Poker-blackjack. Hierbij dienen de spelers tegen elkaar op te bieden. De croupier stelt je gerust, er wordt uitsluitend met zijn geld gespeeld. Er kan dus weinig fout gaan, denk je.

Dan gaat de bel en verschijnt warempel de oliebaron ten tonele. Hij ziet er *slick* uit, met hippe schoenen, een gleufhoed en een duur maatpak. In zijn hand heeft hij een aktetas. Hij lijkt trouwens meer op een cowboy dan op een oliesjeik, maar dat terzijde. Doel is het imponeren van die arme, gedrogeerde toerist die het hele schouwspel met open mond gadeslaat. Daar in die woning in die verre buitenwijk van die vreemde stad.

Als dat maar goed afloopt.

Het poker-/blackjack-spel begint en de winsten voor de combinatie toerist-croupier lopen rap op. Geen wonder, want je krijgt kinderlijk eenvoudig elke keer via handgebaren te zien wat de tegenstander voor kaart heeft. Om het helemaal onverliesbaar te maken, gebaart jouw vriend de croupier ook nog iedere keer of je wel of niet moet passen. Dat kan hij ongemerkt doen omdat de oliesjeik totaal niet op zijn qui-vive is. Het blijkt een steenrijke druiloor te zijn die werkelijk niet één keer zit op te letten.

Maar dan opeens is de oliesjeik het kruimelwerk blijkbaar toch zat. Speelde hij steeds met bescheiden stapeltjes geld uit zijn zak en betrof zijn inzet hooguit tweehonderd dollar per keer, nu gaat het anders. Hij pakt zijn koffer, die al die tijd naast zijn stoel heeft gestaan, en klikt de twee slotjes gelijktijdig open. Met een wat opschepperige blik opent hij het ding. Niet zo gek, want de koffer is tot je verbijstering tot de rand gevuld met dollars. Ineens verandert het motto in 'van dik hout zaagt men planken'.

De croupier reageert verschrikt en vol ontzag. Hij leunt dan een beetje achterover en kijkt je, buiten het zicht van de oliesjeik, aan met een blik die opperste verbazing moet uitbeelden. Grote ogen en hoge wenkbrauwen. Dan krijgt zijn gezicht plotseling een frons. Zijn ogen worden vastberaden en zeggen: 'Dit is onze kans, die vent gaan we helemaal rippen.' Hij maakt met zijn hand een snel graaigebaar.

Dan doet hij iets dat tegen alle denkbare casinoregels indruist. Hij wenkt je mee naar een kamertje ernaast. De oliebaron kan het ogenschijnlijk weinig schelen. Hij heeft blijkbaar totaal niets door van alle opzichtige onderonsjes en begint opzichtig zijn berg dollars te tellen.

In het zijvertrek fluistert de croupier je toe dat jullie nu nog betere vrienden zijn geworden, broers bijna, en dat jullie de sjeik samen gaan leegtrekken. Samen, want de sjeik heeft zojuist tienduizenden dollars ingezet en de croupier heeft niet zo veel cash in huis om daar tegenop te bieden. Of jij daarom ook een deel kunt inzetten? De winst is dankzij jullie feilloze samenwerking immers verzekerd.

Er zijn vrij veel toeristen die op dit punt nog steeds alles gewoon vinden en akkoord gaan. Het klinkt ongelooflijk, maar dankzij de drugs gaan velen zelfs met een van de familieleden mee naar een pinautomaat en nemen duizenden euro's op. Die worden bij terugkomst ingezet, waarop de oliesjeik opeens toch net die ene keer wel een betere kaart in handen had. Kassa voor de hele oplichtersbende. Er zijn verhalen op internet van slachtoffers die tot zevenduizend dollar kwijt waren aan deze grap.

Protesteren heeft geen enkele zin. Je bent half versuft en moederziel alleen in een vreemde stad, waar je totaal de weg niet kent. En als je dan door een handlanger na een lange rit weer in het centrum van de stad wordt afgezet, is het onmogelijk om de dieven ooit nog terug te vinden.

Dilemma

Logisch dat deze scam voor het team van *Oplichters in het buitenland* het neusje van de zalm is. Als we deze hele aaneenschakeling van bizarre gebeurtenissen toch eens met de verborgen camera zouden kunnen vastleggen! Dat is nog nooit iemand gelukt.

Er is echter wel een probleem. Hoe ga je het hele traject stiekem filmen en tegelijkertijd je hoofd helder houden? Je laten drogeren door dergelijke lieden is gevaarlijk. Ten eerste weet je niet wat je binnenkrijgt, ten tweede weet je niet of je collega's je kunnen volgen en ten derde kun je moeilijk voorkomen dat je in zekere toestand op de een of andere manier laat merken dat je een verborgen camera bij je hebt die draait.

Misschien word ik wel heel loslippig of onoplettend en laat ik mijn tas vol draden en een zender halfopen staan. De oplichters kunnen natuurlijk uiterst kwaadaardig worden als ze merken dat ze stiekem worden gefilmd.

Maar aan de andere kant: hier kunnen we lang of kort over peinzen. Het blijft onoplosbaar, en daarom doen we wat we meestal in dergelijke situaties doen: gewoon gaan en maar zien waar we uitkomen. Klinkt vrij stom, maar het is verreweg het meest succesvol.

Zo ook in Vietnam, dachten we.

Ik loop al twee volle dagen door de parken van de stad, maar niet één keer ben ik aangesproken door een dame met een nichtje dat in het AMC gaat werken. Wel ben ik (gelukkig voor de aflevering op tv die we van elke trip moeten maken) een aantal maal typisch Vietnamees opgelicht. Maar *the glittering price* hebben we nog niet. En dat vinden we knap vervelend.

Wel hebben we al twee dagen veel plezier van de door ons hotel toegewezen taxichauffeur. Hij heet Tam, en we noemen hem inmiddels liefkozend Tammie. De aandoenlijke man brengt ons zonder vragen te stellen overal heen.

Het moet toch een rare ervaring zijn voor een doorsneetaxichauffeur van een Ho Chi Minhs hotel. Normaal gesproken krijg je een zakenman die naar een kantoor moet of een toerist die naar het War Remnants Museum wil. Lekker overzichtelijk allemaal. Dan komen er opeens drie gasten uit Nederland die louter geïnteresseerd zijn in parken. Een van hen, een krullenkop, stapt steeds als eerste uit en gaat op een willekeurig bankje een reisgidsje zitten lezen. De twee anderen, een meisje en een meneer, spelen dat ze hem niet kennen en gaan een stukje verderop een sigaretje roken. Jij moet telkens maar wat wachten in je taxi.

Na een uurtje of wat komen ze weer terug en vragen je naar een volgend park te rijden. Daar herhalen ze het raadselachtige ritueel. Dit gaat de hele dag door, tot in de avond. Nu al twee dagen aan een stuk. En als je als lokale taxichauffeur toch geen enkele vraag stelt, dan ben je een pro.

Aan het einde van de tweede dag zonder spoor van de blackjack-bende besluiten we Tammie in te lijven in ons kamp. Wie weet. Ik leg hem uit dat we voor de Nederlandse tv werken en vertel hem wat onze missie is. Hij kijkt verrast, dan verbaasd, dan blij en dan begint hij me driftig te onderbreken. 'De blackjack-bende!' roept hij opgetogen. Ja, natuurlijk weet hij daarvan. 'Dat zijn Filipijnen. Ze hebben een keer een Amerikaanse klant van me uit het hotel te grazen genomen,' vervolgt hij. 'De man is duizenden dollars kwijtgeraakt.'

Ik ben snel heel blij dat we Tammie als compagnon op kunnen nemen in ons team. Hij heeft namelijk een belangrijke troef. Een goeie vriend van hem, vertelt hij, is politiechef in een van de districten van de stad. Tammie weet van deze vriend dat de Vietnamese politie nogal verbeten jacht maakt op de bende, en stelt ons voor om de politieman naar ons hotel te laten komen voor een overleg.

Ik aarzel, maar houd ruggenspraak met mijn team. Vietnam

is een communistisch land, waar de politie een heel andere functie vervult dan bij ons. Men houdt niet van journalisten en al helemaal niet van verslaggevers die iets naars (toeristenoplichting) over het land naar buiten willen brengen.

Maar Tammie legt ons uit dat ook bij zijn vriend de politieman de schoorsteen moet roken en dat hij voor een aantal dong zijn principes over de heilstaat gaarne opzijzet. '*Money talks, bullshit walks,*' zeggen de Amerikanen dan. We besluiten de gok te wagen.

En zo zitten we die avond met een heel vriendelijke politiechef in mijn hotelkamer. Het is een situatie die je van tevoren als compleet onhaalbaar zou hebben ingeschat. De man geeft me een stapel foto's van kopstukken van de blackjack-bende en belooft me om vanaf nu zelf ook alle ogen en oren open te houden. Letterlijk.

Voor twee miljoen dong (op dat moment ongeveer tachtig euro) gaat hij speciaal voor zijn nieuwe vrienden uit Nederland liefst zestien agenten op brommers de hele dag door de stad laten cruisen op zoek naar de beruchte Filipijnen. Als een van hen een oplichter in een park ziet rondwandelen, wordt meteen Tammie gebeld en kan die mij in de buurt afzetten zodat ik mezelf makkelijk in de val kan laten lopen.

De politiechef waarschuwt me ook. 'De Filipijnen zijn zeer alert. Als je wordt meegenomen en je pakt onderweg je telefoon of je kijkt te veel om je heen, is dat vaak al voldoende om af te haken.' Hij kijkt me streng aan. 'De bende is heel moeilijk te pakken, omdat ze zo ontzettend voorzichtig opereren.'

Dan vervolgt hij bezorgd: 'Maar als je wordt meegenomen, zullen wij je proberen te volgen. Ik heb begrepen dat jullie zenders bij je hebben en elkaar op afstand kunnen horen. Spreek met je collega's een codewoord af voor als het misgaat, en wij komen in actie.'

Ik kan bijna niet geloven dat ons dit op dag drie in het communistische Vietnam lukt. Toch is dit werkelijk precies hoe het is gegaan. We zijn zomaar opgenomen in een politieactie speciaal op touw gezet voor het programma *Oplichters in het buitenland*. We hebben geen filmpermits, geen werkvisa, helemaal niks. Ik wed dat je als je dit van tevoren in Nederland probeert te regelen via de officiële kanalen, overal keihard wordt uitgelachen.

Oplichters op de Mekong

De volgende dag gaat de politie voor ons aan de slag en gebruiken wij Tammie om ons naar andere oplichterslocaties te brengen. We maken een boottochtje over de Mekongdelta, iets dat bijna alle toeristen doen die het zuiden van Vietnam bezoeken. Daar leren we een belangrijke les.

Er zijn officiële en niet-officiële reisbureautjes. Maar je moet wel weten welke wat is, als je voor het eerst bij de reusachtige Mekong aankomt. De fouteriken zitten meteen op de eerste pier, waar je van de hoofdweg op af rijdt. Mijd deze pier! Er staan 'mannetjes' die toeristen aanspreken die de weg niet goed kennen. Ze doen zich voor als de enige Mekong Delta Gidsen. We hebben een tochtje via zo'n mannetje gemaakt van amper een uur, en we moesten honderd Amerikaanse dollars aftikken. Niet doen. Gewoon zeggen dat je dat belachelijk vindt en hooguit twintig dollar geven.

Want nog geen anderhalve kilometer verderop zit het officiële bureautje waar je precies hetzelfde tripje in precies zo'n bootje kunt boeken. Dit kost je een vijfde van het geld dat je aan de oplichters kwijt bent.

Terwijl ik me op de terugweg bij een soort wegrestaurant verbaas over wat er in mijn soep drijft, wordt Tammie gebeld. Het is de politiechef en hij zegt dat er een Filipijns bendelid in een van de parken in District One is gesignaleerd. Het gaat om een vrouw met een rode parasol. Ze wandelt rond in de buurt van het oorlogsmuseum.

Beet!

Als een idioot racen we naar het hotel. Dit is onze kans! Maar we moeten eerst nieuwe batterijen uit de opladers in de hotelkamer halen. Ik moet er niet aan denken dat ik het hele avontuur ga beleven en dat de verborgen camera er halverwege mee stopt. Dan gaan we als de donder naar dat park.

Ik ken het parkje. We zijn er al eens geweest. Er staat een enorme ficusboom in het midden. De stam, of eigenlijk het bouwwerk van wortels dat de stam van een ficus vormt, is witgekalkt.

Na een dikke twintig minuten komt het parkje in zicht.

En dan zien we haar alle vier tegelijk. Een Filipijnse dame die helemaal alleen met een rood parasolletje wat doelloos lijkt rond te hangen aan de rand van het parkje.

Wauw. Dank U, O Grote Goede Communistische Politiechef!

Buiten haar zicht stap ik uit, met kloppend hart. Mijn collega's moeten me nu uiterst onopvallend vanuit de taxi, of lopend, zien te volgen. Ik duik in een avontuur en ben zeer opgewonden. Hoe loopt dit af? Kunnen mijn collega's me volgen? Wie zijn de onopvallende politiemannen op brommertjes die hier ongetwijfeld de boel in de gaten houden? Kan ik van ze op aan als ik zo meteen onwel word na het eten van mijn maaltijd?

De vrouw met de parasol verlaat net het parkje en wandelt richting een zebrapad. Erachter zijn werkmannen bezig aan de constructie van een gebouw. Een heimachine maakt een gesprek op deze plek onverstaanbaar. Maar zal ze me überhaupt wel aanspreken?

Ik haast me een beetje en probeer naast haar te komen voor ze oversteekt. Het lukt. Bij het zebrapad kijkt ze me heel even onderzoekend aan. Ze lacht haar tanden bloot. 'Ik ben goedgekeurd als prooi,' zeg ik in mezelf. De dame begint tegen me te praten.

Omdat het gehei oorverdovend is, roep ik tegen haar dat ik haar nauwelijks kan verstaan. Ze snapt het en gaat me voor, terug naar het parkje. Daar gaan we samen in de schaduw van de enorme ficus zitten. Na alle vaste oplichtersvragen keurig te hebben gesteld, komt ze inderdaad, helemaal volgens het boekje, met de vraag waar ik vandaan kom.

Als ik 'Holland' zeg, kijkt ze verrast en spreekt haar oplichterszin uit: 'Mijn nichtje gaat daarheen. Naar Amsterdam om er in een ziekenhuis te werken.'

Er kan geen enkele twijfel meer over bestaan. Ik ben eindelijk in de klauwen gelopen van de beruchte blackjack-bende. De samenwerking met de plaatselijke politie heeft perfect gewerkt. Nu moet ik het nog tot een goed einde brengen. En dat is niet zo makkelijk als je toch ook best zenuwachtig bent en je je constant afvraagt waar je collega's en de onopvallende politiemannetjes zijn.

Na een minuut of tien babbelen komt ze met het voorstel om mee te gaan naar de woning, zodat ik haar nichtje wat op weg kan helpen. Er zal een maaltijd voor me geserveerd worden. Als dank. Brrrr.

Ze staat op en houdt naast het park een taxi aan. We stappen in en ze begint meteen druk te sms'en. Vast en zeker naar het thuisfront, om te melden dat er een prooi aankomt en dat alles in gereedheid moet worden gebracht. Ik huiver en kijk achterom. Is dat scootertje daar misschien een politieman incognito? Dan pak ik zonder na te denken mijn telefoon en kijk of ik een berichtje heb van een collega.

Mijn Filipijnse vriendin ziet het en stopt met sms'en. Ze vraagt of er iets is en ik schrik. Ik zeg snel dat ik gewoon van de omgeving geniet. Maar het is al te laat. De vrouw pakt weer haar telefoon en belt. Het is een kort gesprek in het Filipijns. Ik kan het niet verstaan. Maar als ze het gesprek heeft beëindigd, zegt ze nogal resoluut tegen me dat het familiebezoek niet doorgaat. 'Er wordt momenteel een kerkdienst in ons huis gehouden. Het komt niet goed uit.'

Shit shit shit! Zo dichtbij en dan zo de mist ingaan. Zijn deze mensen echt zo bang dat ze betrapt worden? Blijkbaar.

Ik probeer de boel nog te redden door haar nummer te vragen. 'Ik ben hier nog een dag en kan best een andere keer uw nichtje bijpraten. Vind ik leuk om te doen.' De vrouw geeft dan haar nummer en zegt dat ze morgenmiddag om drie uur weer in hetzelfde park is. 'Als ik er niet ben, kun je me bellen.' Ze buigt zich naar voren en zegt in het Vietnamees tegen de chauffeur dat hij moet stoppen. Zonder betalen glipt ze een winkelcentrum in.

Ik bel direct Tammie en vraag hem de politiechef te alarmeren dat het is misgegaan en dat de dame in een winkelcentrum is verdwenen. 'Volgens mij zijn we in de buurt van de Notre Dame,' voeg ik hem toe. De Notre Dame is ook in Ho Chi Minh Stad een bekende kerk, die door veel toeristen wordt bezocht.

Wat ik niet wist is dat de politie onze taxi perfect had gevolgd en de dame al had zien uitstappen. Twee agenten hadden haar zelfs te voet gevolgd in het winkelcentrum, waar ze echter in de massa uit het zicht was verdwenen.

De volgende dag sta ik precies om drie uur weer in het park. Maar er is geen Filipijnse met rode parasol te bekennen. Ik bel haar. Het is inderdaad haar nummer, want ze neemt tot mijn verrassing op. 'Sorry, mijn oma is opeens ziek geworden en ik moet naar het ziekenhuis.' Yeah, right!

Wat kun je als programmamaker balen! Terug in Nederland hebben we het Filipijnse telefoongesprek dat de dame met het thuisfront voerde vlak voor ze de kuierlatten nam, vertaald. Alles klopt. Ze zei dat ze iemand bij zich had, maar dat ze het gevoel had dat ze werd gevolgd.

In mijn frustratie heb ik haar nog een sms gestuurd. 'Hoop dat het goed gaat met je arme oma. By the way, ik weet dat je deel uitmaakt van een blackjack-bende. Ik werk voor de tv en heb alles stiekem opgenomen. Check YouTube.' Zo, heeft ze in ieder geval een rotdag.

Van onze avonturen met de politie en de vluchtige eerste ontmoeting met een lid van de beruchte, nog nimmer gefilmde, blackjack-bende is een geslaagde uitzending gemaakt.

Maar als team weten we dat we het hier niet bij zullen laten, en als het moet heel Zuidoost-Azië zullen afstropen tot we de hele truc met de verborgen camera hebben gefilmd. Want de blackjack-bende ontmaskeren is en blijft het hoogst haalbare op het gebied van toeristenoplichting.

Ho Chi Minh Stad, voormalig Saigon, telt 7,5 miljoen inwoners. Munteenheid is de dong. Een euro is ruim 23.000 dong.

Hotspots voor oplichters

Parken in District One
Blackjack-oplichting.

Ben Thahn Markt
Fietstaxi's (*cyclo* genaamd) die zeker vijfmaal het tarief vragen van een gewone taxi. Dat bedrag noemen de chauffeurs pas na de rit. Als je moeilijk doet, kunnen ze behoorlijk agressief worden.

Mekong Rivier
Boottripjes van anderhalf uur kosten bij het Tourist Operation Centre vijftien dollar per persoon. Oplichters die een pier verderop staan, vragen echter gemakkelijk honderd dollar per persoon voor precies hetzelfde tripje.

Hele stad
Brommertaxi's die de toerist maar al te graag naar bedenkelijke bars brengen waar ze commissie ontvangen voor iedere reiziger die er naar binnen gaat. Brommertaxi's bieden ook vaak drugs aan. De bestuurders bezweren dat er in Vietnam een zeer tolerant drugsbeleid wordt gevoerd. Dit is pertinent niet waar.

Vliegveld
Taxichauffeurs die misbruik maken van de extreem lage waarde van de dong en je bij je hotel het tienvoudige vragen van het normale tarief. Immers: een miljoen dong en honderdduizend dong klinkt allebei veel.

Le Van Tam-park

Drugsdealers, prostituees en opdringerige schoenpoetsers die opeens voor je knielen en voor je het doorhebt je schoenen aan het poetsen zijn en dan uiteraard te veel geld eisen.

Indonesië

Bijna dood op Bali

Het is heet en vochtig in Seminyak. Er liggen nog wat plassen op straat van een regenbui afgelopen nacht. Op mijn slippers loop ik er expres doorheen. Het water is lauwwarm.

Ik heb vijf jaar van mijn jeugd in de tropen gewoond en voel me daardoor nog altijd een tropenkind. Met die klamme, natte deken op mijn schouders ben ik in mijn element.

Met z'n drieën slenteren we naar het strand voor een dagje niksen.

Het is dag vijf van ons verblijf op Bali. De trip heeft tot nu toe een uiterst succesrijk verloop gehad. De oplichtingstrucs die we op het internet in Nederland hadden gevonden, blijken hier allemaal aan de lopende band te worden uitgevoerd. We hebben in principe al voldoende materiaal om een hele uitzending te vullen, maar het kan natuurlijk altijd mooier en beter.

We hebben toch maar een vrij dagje ingeboekt. Dan kunnen we morgen en overmorgen nog wat puntjes op de i zetten. Later zal overigens blijken dat dit de enige volledige vrije dag was van alle reizen voor het programma. Die luxe hebben we ons daarna nooit meer kunnen permitteren.

Op het strand is het rustig. We pakken een bedje en nestelen ons in de schaduw van een parasol.

De stranden van Bali zijn beroemd vanwege de surfmogelijkheden. En ook vandaag zijn de golven voor Seminyak indrukwekkend hoog. In de verte ligt Kuta, het ware walhalla voor golfsurfers.

Joep en ik kijken elkaar even aan. 'Zullen we?'

Verraderlijke golven

Als twee jochies rennen we de branding in. De eerste golf is meteen al een hele beste. Met een gigantische dreun worden we tegelijkertijd tegen de zandbodem gesmakt. Dit had een wake-upcall moeten zijn, maar wij laten ons juist niet kennen en waden verder, opbeukend tegen telkens een nieuwe jetser van een golf. Na een poosje staan we tot ons middel in de oceaan. Na weer een poosje tot onze borst. Na weer een poosje tot onze nek.

Er zijn inmiddels momenten dat ik geen grond meer onder m'n voeten voel. Ergens diep vanbinnen borrelt een onheilspellend gevoel op. Maar het is nog te latent. Te zeer op afstand.

Langzaam deinen Joep en ik op en neer. Elke vijftien tellen dondert een nieuwe golf van een meter of twee over ons heen. Elke keer voel ik in de kuil tussen twee golven de bodem. Elke keer? Of voelde ik hem net niet?

Op zo'n honderdvijftig meter afstand ligt het strand er wat verlaten bij. Dat is verder dan ik dacht. Joep deint een meter of tien bij me vandaan. Ik kijk naar hem. Zijn ogen staan hol. 'We moeten terug, Joep,' roep ik boven het geraas van een omslaande golf uit.

Joep heeft zich net een tel eerder dan ik gerealiseerd dat er iets heel erg mis is. 'Ja, dat wil ik ook. Maar we kunnen niet,' zegt hij met angst in zijn stem.

Nu ik dit opschrijf, bekruipt dat nare gevoel me weer. Als een gifslang die zich in mijn binnenste een weg baant omhoog naar mijn nek.

Proestend kom ik onder de laatste omslaande golf uit en zwem een paar slagen in de richting van mijn cameraman. 'Kom op, zwem zo hard als je kunt terug,' roep ik. Maar Joep is geen groot zwemmer en draait zich al half op zijn rug om uit te rusten.

We weten allebei dat wat Joep doet het beste is. Je laten drijven tot de trekstroom ophoudt en dan met een boog terugzwemmen. Maar instinctief wil je toch nu direct terug. Zo snel mogelijk. En je laten drijven en uitrusten is er niet bij als er constant een hoge golf over je heen dendert. Ik pak Joep bij zijn arm en begin als een bezetene terug te zwemmen. Maar na elke golf worden we weer meters naar achteren gezogen.

Snel beseffen Joep en ik dat dit weleens heel erg slecht af kan lopen. We zijn ongemerkt zo ver afgedreven dat er geen enkele keer meer grond te voelen is. We zijn in diep water beland en de zuiging van de oceaan lijkt toe te nemen. Paniek maakt zich van ons meester. Blinde paniek. Ik ben nog nooit zo bang geweest.

Tot overmaat van ramp zie ik dat de lucht betrekt. De laatste mensen op het strand pakken hun boeltje en lopen weg. Alleen onze collega ligt er nog. Ze tuurt nietsvermoedend naar haar telefoon.

Terwijl we verder en verder afdrijven, zwaai ik met mijn armen en gil uit alle macht naar het strand. Niemand kijkt. De herrie van de branding overstemt alles.

Hoelang dit heeft geduurd kunnen Joep en ik niet zeggen. Vijf minuten? Een kwartier? We zijn bezig afscheid te nemen van het leven, dat is zeker. Het klinkt nu dramatisch, maar het is echt zo. Ik heb weleens gelezen dat verdrinkende mensen alles met zich mee de diepte insleuren in een paniekpoging zich vast te klampen. En ik zie dat Joep nu echt op zijn laatste krachten is. Ik ben er dus een beetje huiverig voor om te dicht bij hem te komen. Maar lijdzaam toezien hoe hij in de diepte verdwijnt is voor mij ook geen optie.

Op dat moment van ultieme vertwijfeling en angst hoor ik geschreeuw in de verte. We zijn gespot. Drie jongens op surfplanken peddelen heldhaftig door de golven.

We zijn gered.

Tien minuten later kussen Joep en ik het strand. We kijken elkaar aan en vallen elkaar huilend in de armen. Joep en ik hebben samen de dood in de ogen gekeken. Joep en ik zijn nu vrienden voor het leven.

Bali is bij vakantiegangers het populairste eiland van de Indonesische archipel. Het is met 5500 vierkante kilometer relatief klein. De drie miljoen inwoners zijn bijna allemaal hindoe, in tegenstelling tot de islamitische meerderheid van Indonesië. De nationale munt is bijna niets waard. Een euro is 15.000 roepia.

Hotspots voor oplichters

Leo Square in Seminyak

Voor het piepkleine politiepostje op Leo Square staan agenten te loeren op westerlingen die zonder helm op een gehuurde scooter langsrijden. De halve bevolking doet dit ongestraft, maar als toerist ben je pertinent aan de beurt bij deze dienders. Je wordt staande gehouden en mag kiezen: of een rechtszaak afwachten met het risico van een hoge bekeuring, of nu onder de tafel een paar tientjes aftikken.

Geldwisselkantoren

De kantoren voorzien van een hoge desk en een bordje op de voorgevel met NO COMMISSION dien je te mijden als de pest. Hier word je steevast belazerd. Onder het mom van een uitstekende koers worden je zuurverdiende euro's omgewisseld voor een flink aantal roepia's (100 euro is 1,5 miljoen roepia's). Maar let op: terwijl de geldwisselaar de enorme stapel geld nog even voor je natelt, laat hij een deel van de biljetten op vingervlugge wijze in een verstopt laatje onder de hoge toonbank uit zijn hand glippen.

Uluwatu

Deze ware trekpleister voor toeristen op de zuidoostpunt van het eiland wordt bevolkt door brutale apen. De diertjes zijn er door tempelmedewerkers op getraind om zonnebrillen, slippers en fototoestellen van de toeristen te jatten. De aap schiet vervolgens met de buit een boom in en is niet van plan om het gestolene terug te geven.

Maar dan staat er opeens een behulpzame tempelmedewerker naast je. Hij kent de aap en op zijn teken laat het beest je zonnebril pardoes vallen. Of je even een flinke fooi wilt geven. De aap krijgt als beloning een sappig stuk papaja. Op naar de volgende toerist!

Alle toeristengebieden

Let op voor jongemannen met krasloten; ze werken vaak stiekem voor time-sharebedrijven. Op de straten naar de stranden en bij winkelcentra spreken ze vooral stelletjes aan, want dan is het effect het grootst.

Je krijgt ongevraagd alle twee een identiek kraslot in je handen gedrukt waarop de straatventer aangeeft wie het eerste mag krassen. Steevast 'kras' je dan een gratis T-shirt. Leuk, maar natuurlijk geen hoofdprijs. 'Ach, maar die hoofdprijs valt maar één keer per jaar meneer,' zegt de man.

En dan komt het. Nummer twee mag krassen en die heeft zowaar de hoofdprijs. De jongen begint van blijdschap als een dolle om je heen te dansen. Dit heeft hij nog maar één keer eerder meegemaakt. De hoofdprijs bestaat uit een iPad, duizend dollar cash of een gratis vakantie van een week in een luxe villa. Wauw! Niet dus... Om te bepalen welke van de drie hoofdprijzen het definitief wordt, moet je mee in een klaarstaande limo.

Je belandt in een resort waar je een time-sharepraatje van anderhalf uur moet aanhoren. Als je dan eindelijk je hoofdprijs in ontvangst mag nemen is dat áltijd de gratis vakantie van zeven dagen, maar die is alleen geldig na het afsluiten van een peperduur time-sharecontract. O ja, hoe weet de straatventer nou elke keer (want zo gaat het steeds) welk van de identieke krasloten het T-shirt bevat en welke de hoofdprijs? Simpel. Zo identiek zijn ze niet. Ingewijden zien het verschil door een minuscuul stipje aan de rand.

Cambodja

Phnom Penh, de jacht op de blackjack-bende deel 2

Het is een jaar na onze reis naar Vietnam als we ons weer wagen aan onze Grote Missie: de ontmaskering van de blackjack-bende. We zijn in Phnom Penh, hoofdstad van Cambodja, en tevens stad waar veel meldingen van slachtoffers vandaan komen.

Niet Marco of Joep, maar cameraman Vincent is deze keer mee. We verblijven in het strategisch gelegen Sokha Club Hotel. Het ligt niet ver van een aantal parken waar volgens de verhalen op internet slachtoffers zijn opgepikt. In Vincents hotelkamer bespreken we hoe we het dit keer beter kunnen aanpakken.

Een les uit Vietnam is wel: de oplichters zijn extreem op hun hoede, als ze ook maar iets van onraad ruiken, taaien ze af. Onze opdracht voor deze trip is duidelijk. Als we zo meteen gaan wandelen, moeten Vincent en Marijke ver bij me vandaan blijven. Als ik zo meteen word opgepikt, mag ik niet één keer naar mijn telefoon grijpen en mag ik het ook niet in mijn hoofd halen om achterom te kijken.

Om onze kansen nog verder te vergroten, gaat Marijke ook alleen lopen. Er worden namelijk ook vrouwen door de bende opgepikt, hebben we gelezen. Vincent blijft in de auto met onze vaste taxichauffeur Meng en zal ons aan de randen van de parken waar we slachtoffer hopen te worden zo onopvallend mogelijk proberen te volgen.

De actie begint

Meng is in Cambodja wat Tammie voor ons was in Vietnam. Hij hoort ook hier bij ons hotel en misschien is hij zelfs nog wel beter dan Tammie. We hebben hem verteld van onze plannen en hij is zeer enthousiast. Meng heeft weliswaar geen vrienden bij de politie, maar hij is een intelligente man die enorm goed blijkt te kunnen improviseren. Van hem gaan we nog veel plezier beleven, voelen we. Ons team is uitgebreid tot vier man.

Marijke gaat dus ook alleen op pad. Het nadeel hiervan is dat zij in zekere zin het gevaar loopt dat ik normaal gesproken alleen hoor te lopen. Zo zijn de rollen nu eenmaal: ik wil dit programma zo nodig maken, dan moet ik ook de risico's maar nemen. Maar Marijke is voor de duvel niet bang en heeft zeer expliciet te kennen gegeven dat ze het zó wil.

Het voordeel van deze methode is dat als een van ons wordt aangesproken, de ander kan proberen om een shot van afstand te maken. Maar dit moet ook zeer voorzichtig gebeuren, vinden we na de ervaringen in Vietnam. Beter geen extra shot dan een stukgelopen onderwerp. Bovendien is Vincent er altijd nog die ons vanuit de taxi op afstand volgt.

Een beetje nerveus onderwerpen we onze apparatuur aan een laatste check en gaan dan op pad. Meng staat ongeduldig voor het hotel. Hij is een beetje uit z'n hum, we hadden om elf uur afgesproken en het is al kwart over. Zo'n man dus.

We starten aan de Samdach Sothearos Boulevard bij het koninklijk paleis. Ervoor is een voor verkeer afgezette promenade met een open grasveld, waardoor een aantal paadjes loopt. Er zijn op deze plek altijd veel toeristen, dus waarschijnlijk ook veel toeristenoplichters.

Aan de overkant van het paleis, voorbij het grasveld, ligt een drukke weg langs de grote rivier.

Ik word minstens acht keer aangesproken door een tuktukchauffeur. Niet of ik een ritje wil, maar of ik drugs wil kopen. We zullen de komende dagen ontdekken dat de tuktukchauffeurs van Phnom Penh de dealers van Cambodja zijn. Verstopt in holle pijpjes, onder hun zitting of in een loze ruimte in hun dakje bevinden zich zakjes met allerlei verboden traktaties. Want verboden is het in Cambodja!

Maar geen spoor van een Filipijnse blackjack-oppikker bij het paleis. Ik loop richting de waterkant en volg de kade een stukje tot aan een grote houten pagode waar wat oudere mannetjes de beslommeringen van de dag bespreken. Weer geen Filipijnen. Meng heeft het al gezien. Hij wacht aan de overkant van de weg en wenkt me.

Ik kijk om me heen en zie Marijke eveneens moederziel alleen lopen. Ze seint me onopvallend dat ze ook naar de auto gaat.

Oversteken is – zoals in alle Aziatische steden – een hele toer, maar daar hebben we inmiddels een slimme methode voor ontwikkeld. Zonder opzij te kijken, met de blik volledig ongeïnteresseerd op oneindig stappen we de straat op en stoppen of aarzelen niet tot we aan de overkant zijn. In één streep blijven lopen.

Levensgevaarlijk zou je denken, maar dat valt mee. De lokale bevolking doet het ook zo. Auto's en brommers rijden niet erg hard in de drukke steden en ze meanderen als een levend organisme om je heen. Omdat je een vast tempo aanhoudt, weet elke weggebruiker exact waar je zult zijn als hij of zij bij je is.

Even later zit ik voorin naast Meng. Marijke stapt een minuut later in. Op naar het volgende park. Eigenlijk op loopafstand, aan dezelfde weg, ligt het Wat Bottom Park. Ik zie aan het begin ervan een beeld van een grote (lelijke) gouden vogel. Dat is goed nieuws, want een van de slachtoffers van de blackjack-oplichting heeft een foto van dit beeld op haar blog geplaatst als herkenningspunt van de plek waar ze werd aangesproken door een vriendelijke dame. Waarmee voor haar alle ellende begon.

Filipijnen gespot

Vincent ziet dan twee mannen lopen die er niet erg Cambodjaans uitzien. Filipijnen misschien? Meng weet het zeker: het zijn Filipijnen. Hoewel dat natuurlijk totaal niets hoeft te zeggen, voel ik dat zich toch een lichte opwinding van me meester maakt. Een stukje verder stap ik uit. Meng rijdt door en ik zie dat Marijke op honderdvijftig meter afstand ook de taxi verlaat. Het park is vrij groot. Zeker vierhonderd meter lang en een kleine honderd meter breed.

Dit voelt goed, voor iemand die per se wil worden opgelicht dan. Er zijn bankjes, her en der wandelen mensen, er staan voldoende bomen voor wat verkoelende schaduw en er is een plein waar wat ouderen op muziek hun gymoefeningen doen. Precies in het midden staat het Vietnam-Cambodja Monument. Zou ik op deze plek, na de mislukking in Vietnam, dan wel slagen in Cambodja?

'Hello sir!' Een jonge vrouw van hooguit dertig met een wat Chinees uiterlijk begroet me vriendelijk. 'Wat bent u groot.' Ze lacht en wiebelt nerveus van haar ene voet op haar andere terwijl ze haar handen voor haar buik ineenslaat. 'Valt wel mee hoor,' antwoord ik, terwijl ik een beetje door mijn knieën ga. 'U werkt hier?' vervolgt ze nog steeds een beetje zenuwachtig. 'Nee, ik ben hier op vakantie,' zegt ik terwijl ik als bewijs mijn *Lonely Planet* van Cambodja omhooghoud. 'Nou, veel plezier dan nog. Dag,' zegt ze vriendelijk en draait zich om. Ze gaat naast een man op een bankje zitten en kijkt me nog even na.

Ben ik paranoia, of is dit een voorpost van de bende en word ik aan een eerste, voorzichtige check onderworpen? Waarschijnlijk wel, want ook Marijke wordt niet veel later door dezelfde dame aangesproken.

Ik ga tweehonderd meter verderop op een bankje zitten. Ik zie dat Marijke dat ook doet. Na een paar minuten gaat er een man bij haar zitten. Het is dezelfde man die zojuist op het bankje zat bij de vrouw die ons eerder aansprak. Hij staat even later weer op en loopt via een omweg naar mij. 'Hallo sir,' zegt hij. 'Geeft u les hier?' Ik zeg hem dat ik op vakantie ben. 'Waar komt u vandaan dan?' reageert hij. 'Uit Nederland, en u?' zeg ik. 'Ik kom uit de Filipijnen, weleens geweest? Het is een mooi land hoor.' Jackpot! Dit kan niet missen.

De man loopt echter weer door.

Maar wat een rare bedoening is dit! Mysterieus ook. Stom genoeg hebben Marijke en ik allebei gezegd dat we uit Nederland komen. Hij vroeg Marijke of ze hier aan de universiteit studeerde.

Om te voorkomen dat ze ons alsnog gaan linken als we weer allebei in het park rondhangen, ga ik de volgende morgen helemaal alleen lopen. Vincent en Marijke blijven in het hotel.

Een beetje nerveus ben ik wel. Op zo'n moment mis je je vrienden. Ik voel me eenzaam als ik de volgende morgen weer door het park wandel.

'Mooie zonnebril,' zegt een man op een bankje. Hij ziet er niet Cambodjaans uit. En ook niet Filipijns. 'Heb ik op het vliegveld gekocht,' antwoord ik naar waarheid. De man kijkt me aan: 'U studeert niet hier?' Ik heb nu zin om heel hard 'nééhéé!' te roepen, maar doe dat niet. Ik wil te grazen genomen worden en daarom geef ik hem alles wat-ie wil hebben. 'Nee, ik ben op vakantie. Een korte stedentrip. Het is mijn eerste keer hier. Ik reis alleen, mijn familie is in Nederland.' Zo, nu kan hij even vooruit.

Hij kijkt opgetogen. Alsof hem een intens mooie kans in de schoot geworpen wordt. 'Holland? Dat is nou toch ook toevallig! Ik heb een nichtje dat in Amsterdam in een ziekenhuis als verpleegster gaat werken.'

Een mengeling van opwinding en angst schiet als een klein schokje langs mijn ruggenwervel omhoog. Ik doe alsof ik gierend verbaasd ben. 'Meent u dat nou?! Wat ontzettend toevallig!'

De man vertelt dan precies wat hij moet vertellen en nodigt me uit om zijn nichtje thuis te ontmoeten. 'U kunt dan bij ons een maaltijd gebruiken.' Hij staat op en ik loop met hem mee. Het is nu halfelf. De man kijkt op zijn horloge en zegt. 'Ik zal u om één uur opwachten. Dan pakken we een tuktuk en gaan we erheen. Ik ben dan daar.' Hij wijst naar de Botumvati-pagode aan de rand van het park waar we lopen.

Langs de weg staan wat legervoertuigen. Erachter is de ingang van de tuin rond de pagode. Het is vrij toegankelijk. Mijn hart maakt een sprongetje. Dit is mijn kans om even met mijn collega's te overleggen en om mijn verborgen camera te voorzien van nieuwe batterijen en een nieuwe geheugenkaart. Zou het nu echt gaan lukken?

Helemaal alleen

Precies op tijd loop ik die middag door de blauwe poort en betreed ik de tuin van de Botumvati-pagode. Vincent en Marijke zijn – om betrapping tot een absoluut minimum te beperken – weer in het hotel gebleven. Mijn camera snort onhoorbaar in mijn tas. Mijn telefoon is via zoek-mijn-iPhone onzichtbaar verbonden met de telefoon van Marijke. Mijn hart klopt in mijn keel. *I'm in business*!

'Helloooo,' roept een opgetogen vrouwenstem vanuit een klein houten prieeltje rechts van het pad. Krijg nou wat! Het is die troela die mij en Marijke gisteren als eerste aansprak. Ze gaat staan en buigt onder het dakje door terwijl ze overdreven blij naar me zwaait. Naast haar zit de man met wie ik een afspraak heb. Ze horen dus echt allemaal bij elkaar. Dit is een profi-club oplichters. Ik moet oppassen.

'Dat is ook een nichtje. Het gaat om haar zus die naar Amsterdam gaat,' verduidelijkt de man haar aanwezigheid. 'Ze zal nu een tuktuk halen.'

Vijf minuten later zit ik in een tuktuk met mijn nieuwe vrienden die me willen drogeren en beroven. Ze babbelen aan een stuk door en proberen op die manier te voorkomen dat ik zie waar we heen gaan. Na een halfuur stopt de tuktuk voor een huis. Ik heb werkelijk geen idee waar we zijn. Ik bid dat Marijke me op haar telefoon via gps ziet.

We staan voor een vesting. Ik zie een muur, tralies en zelfs prikkeldraad. De man die me meenam draait een stalen deur van het slot. Ik zie een gangetje naar een trap. Achter me gaat de deur weer keurig op slot. Terwijl we naar de derde verdieping lopen, realiseer ik me dat hier wegkomen onmogelijk is als de bewoners dat niet willen. Ik voel me oprecht bang.

Boven wachten een oudere dame en een jongen ons op. Wat er dan gebeurt is werkelijk de slechtste scène uit het hele toneelstuk. Ze hebben als moedertaal natuurlijk geen Engels. Zal wel Filipijns zijn, of Khmer, maar zeker geen Engels. Toch zegt de oudere vrouw in vrij krakkemikkig Engels tegen de jonge dame met wie ik in de tuktuk zat: 'Luister! Je zus is er niet. Ze moest plotseling weg. Oma is ziek geworden en die is met spoed opgenomen in het ziekenhuis.'

Het is duidelijk. Ik moest dit verstaan. Het was voor mij bedoeld en daarom wordt dit kolderieke gesprekje gevoerd. 'Wat vervelend,' antwoordt de jonge dame als een *lousy* actrice in het Engels. Ze slaat vol ontzetting haar beide handen voor haar mond, zodat ook de mensen achter in de zaal snappen wat ze bedoelt. Als ik het allemaal niet zo griezelig vond zou ik nu in schaterlachen uitbarsten.

Beide dames kijken me aan. Er staat met grote letters 'sorry' op hun voorhoofden. 'We zullen moeten wachten, meneer. Vindt u het goed om nog wat te blijven tot ze weer terug is? De maaltijd is net klaar. Dan kunnen we nu mooi eerst eten.' Als je weet wat je te wachten staat, is het des te enger. Net zoiets als dat je van tevoren weet dat je zo meteen een ongeluk met je auto zult krijgen.

Iedereen gaat aan tafel. Er wordt een pan rijst op tafel gezet en een pan soep. Iedereen heeft een leeg kommetje voor die soep. Behalve ik... Mijn soep is al opgeschept. In de keuken. Ik durf er absoluut niet van te eten. Ik zit als een rat in de val en kan onmogelijk controleren of Marijke weet waar ik ben.

Als ik nu bedwelmd raak en deze mensen gaan voor mijn geld, zullen ze zeker mijn verborgen camera ontdekken en minstens ook mijn zender onder mijn shirt. De gevolgen zijn dan niet te overzien. Nooit zal iemand op de hele wereld erachter komen wat er met me is gebeurd als ik over een paar uur langs de kant van de weg ergens in Phnom Penh word gevonden. Ik wil hier vandaan.

De boze oom

Beleefd weiger ik de soep. 'Sorry, maar ik heb buikpijn,' verontschuldig ik me. Dan, uit het niets, staat er opeens een nieuwe bewoner voor me. Een oudere man met een venijnige blik in zijn ogen. Hij vraagt wat ik hier kom doen. Dat doet hij met de toon van iemand die in het Nederlands zou zeggen: 'Wat mot je hier?'

Voor mij is duidelijk dat dit de oom is die na de gedrogeerde maaltijd met me zal gaan blackjacken. Maar nu heb ik niet gegeten. En nu is alle inspanning van deze mensen voor niets. Het aanspreken in het park, het maken van de afspraak bij de pagode, het optrommelen van het nichtje, de rit met de tuktuk, de bereiding van de hele maaltijd en het mengen van de juiste hoeveelheid gif in mijn soep. Alles voor Jan Lul. Ze zijn not amused. De oom voorop.

Hij bedreigt me nu openlijk.

'Als je geen respect toont voor de mensen hier, kan het slecht met je aflopen,' zegt hij terwijl hij met zijn vinger veelzeggend voor zijn gezicht omhoogwijst. 'Mensen hier kunnen je zomaar vermoorden. Zomaar!' Ik doe net of ik de boodschap niet helemaal snap en zeg dat het me spijt dat zijn dochter er niet is, want dat ik die graag geholpen had.

Dan laat hij me gaan. Het tweetal dat me hierheen bracht gaat me weer voor naar beneden. De ijzeren deur gaat van het slot en ik sta weer buiten. Ik haal diep adem. De vrijheid smaakt goed. We stappen in een tuktuk en ik word weer bij de pagode afgezet.

Terug in het hotel blijkt dat Marijke en Vincent me niet hebben kunnen volgen via gps. Ik ben goed weggekomen. Maar hier kunnen we het niet bij laten. We beseffen dat we iets bijzonders in handen hebben. Ik ben misschien wel het eerste bijna-slachtoffer dat in staat is een thuisbasis van de bende terug te vinden.

We laten daarom Meng kijken naar de beelden van mijn verborgen camera. Die heeft immers steeds gelopen, ook toen ik onderweg was naar de woning. De beelden zijn schokkerig, maar Meng – die immers als taxichauffeur de beste gids is die je je kunt voorstellen – weet er raad mee. Hij herkent een benzinestation en ook een farmacie. We gaan op zoek. Nu zijn de rollen omgedraaid.

Na een uurtje rondrijden en verkeerde straatjes inrijden, staan we opeens voor de woning. Het is al avond aan het worden en er valt niets te zien. Lastig is ook dat de bende op de bovenste verdieping van het gebouw huist. De twee etages eronder zijn door andere mensen gehuurd. Maar we weten waar ze wonen en komen de volgende morgen terug.

En *guess what*? Naast de stalen deur waar ik een dag eerder nog door naar binnen werd geleid, hangt nu een interessant briefje. Er is een etage te huur in het pand. Erachter het telefoonnummer van de huiseigenaar. Dit kon weleens een buitenkansje zijn!

We laten Meng het nummer bellen.

De huiseigenaar blijkt een erg vriendelijke meneer te zijn die... recht tegenover de woning van de bende woont en die ook de eigenaar is van hun verdieping. Mooier kan het niet. We maken een afspraak om langs te komen.

Meng zet zijn taxi een klein stukje verder in de straat en terwijl we naar boven loeren sluipen we als een paar guerrillastrijders langs de muren van de huizen in de straat naar het hek van de overbuurman. We willen natuurlijk niet dat de Filipijnen zien dat ik door de straat loop.

Ongezien glippen we de tuin in, waar ik aan de man uitleg wat voor lieden het zijn. Hij is totaal verrast. Bij zijn weten is de overbuurman van de bovenste etage iemand die op de Filipijnse ambassade werkt. Hij zegt veel last te hebben van de bewoners. Ze houden nogal ruige feesten en keilen dan hun lege bierblikjes en peuken zo van het balkon op straat. Dan pakt hij een kopietje van het paspoort van de bewoner. De pasfoto herken ik meteen. Het is de man die me bedreigde. Hij heet Victor, geboren in 1961 in de Filipijnen.

De huisbaas is bezorgd en belt een vriend van hem die bij de politie werkt. Ook een buurtburgemeester wordt opgetrommeld. Omdat Victor c.s. niets strafbaars met me hebben gedaan (een maaltijd aanbieden aan een toerist is natuurlijk niet echt iets om iemand voor in het gevang te smijten, ook niet in Cambodja) belooft de politie contact op te nemen met de immigratiedienst.

Er zal worden onderzocht wat de verblijfsstatus is van de bewoners. Bovendien verzekert de politieagent me dat als er ook maar één misstap wordt geconstateerd de hele *gang* het land wordt uitgezet. Voor wat het waard is.

Dat de Filipijnen in Phnom Penh erg veel tijd en energie steken in het misleiden van argeloze toeristen blijkt de volgende dag eens te meer.

Ik loop nog een rondje door hetzelfde park als eergister. En binnen de kortste keren word ik weer aangesproken door een man. Een Filipijn. Het is dezelfde man die me drie dagen geleden vroeg of ik lesgaf aan de universiteit en die daarna doorliep.

Toen constateerden we dat dit waarschijnlijk een bendelid was dat wilde testen of Marijke en ik bij elkaar horen.

Nu blijkt overduidelijk dat ons vermoeden klopte. Hij stelt de standaard oplichtersvragen en eindigt met 'waar komt u eigenlijk vandaan?' Nu zal ik hem eens testen. 'Ik vlieg morgen terug naar Frankrijk. Ik kom uit Parijs.' Even lijkt hij van zijn stuk. Ik zie hem denken: Maar dat lijkt net die gast die eerder zei dat hij uit Amsterdam kwam.

Hij herpakt zich zichtbaar en zegt met een gespeelde blik vol verrassing in zijn ogen: 'Dat is toch ook toevallig! Mijn nichtje gaat volgende maand in een ziekenhuis in Parijs werken.' Weer speel ik het spel mee en acteer dat ik het een bijzonder toeval vind. Ik beloof mee te gaan om het nichtje over de pro's en cons van Frankrijk in te lichten.

De aardige oom belooft mij dat er een lekkere maaltijd voor me klaar zal staan. Er stopt even later een tuktuk met het zusje van het nichtje dat naar Frankrijk gaat. Ze komt me ophalen. Ik loop erheen... En ja hoor! Het is dezelfde jongedame die me als eerste aansprak en die me meenam naar de woning van Victor. Die toen een zusje had dat in Amsterdam ging werken. Ze ziet me en schrikt zich wezenloos.

Ik confronteer haar en de oom met de leugens en met mijn vermoeden dat ze kopstukken zijn van de Cambodjaanse tak van de beruchte blackjack-bende. Ze stappen snel weer in de tuktuk en verdwijnen in het chaotische verkeer van Phnom Penh.

We krijgen de blackjack-bende van Zuidoost-Azië steeds beter in kaart. Maar nog niet goed genoeg. Ik moet en zal een keer het hele traject doorlopen. Met of zonder drugs in mijn eten. Wanneer? Volgend jaar. Waar? In Manilla, de thuisbasis van de bende!

De Cambodjaanse hoofdstad Phnom Penh telt een miljoen inwoners. Munteenheid is de riel. Er gaan ongeveer 4500 riel in een euro.

Hotspots voor oplichters

Wat Bottom Park
Filipijnse blackjack-bende.

Hele stad
Tuktukchauffeurs die drugs verkopen en erbij benadrukken dat de politie niet optreedt tegen drugsgebruik. Dit is pertinent niet waar.

Scooteroplichting. Je huurt een scooter en moet je paspoort als borg achterlaten. Iemand van het verhuurbedrijf volgt je stiekem en pikt de scooter als je even niet oplet met een kopie van de sleutel. Je krijgt alleen je paspoort terug bij de verhuurder als je een groot geldbedrag betaalt.

Verminkte bedelaars die zich voordoen als oorlogsslachtoffers maar van wie gezegd wordt dat ze opzettelijk verminkt zijn om medelijden te wekken bij de toeristen.

Killing Fields
Niet echt oplichting, maar wel vrij misselijkmakend. Tegen betaling 'lekker schieten' met een AK-47, terwijl ernaast de drie miljoen slachtoffers van het schrikbewind van Pol Pot worden herdacht.

Street 104, 110, 130 en 136
Zeer veel hostess-bars, waar prostituees van soms amper twaalf, dertien jaar oud voorbijlopende westerse mannen aanklampen.

Omgeving Central Market
Corrupte politie. Op veel straathoeken, vooral in de buurt van de 130e straat. Ze houden westerlingen op scooters aan en geven die een bekeuring voor een verzonnen delict.

Grensovergangen
Corrupte douaniers die lastig doen over vereiste inentingsboekjes en ander papierwerk eer ze je een visum 'mogen' verstrekken. Ze willen gewoon een geldbedrag, waarmee je in één klap van alle lastige vragen verlost bent en je direct een visum krijgt.

Thailand

Een bedenkelijke hoofdrol voor de tuktuk

Met de zon op m'n bast doorklieft mijn jetski de golven. In de verte ligt het strand van Pattaya, een uurtje of tweeënhalf rijden vanaf Bangkok, aan de Golf van Thailand. Dit is het ware leven. Zou je denken. Maar ik voel me hondsberoerd. Niet vanwege verkeerd eten, maar vanwege het feit dat ik niet word opgelicht. De afgelopen drie dagen heb ik me ontwikkeld tot een alleskunner op de jetski. Maar dat was helemaal niet de bedoeling.

Dit is de allereerste reis voor het dan spiksplinternieuwe programma *Oplichters in het buitenland*. November 2012. En die start is ronduit dramatisch. Als een loden last drukt de verantwoordelijkheid op mijn schouders. Met z'n drieën moeten we in acht dagen vaak genoeg worden opgelicht om er 43 minuten goeie, spannende en leerzame televisie mee te vullen. SBS6 heeft zes afleveringen besteld. Zes afleveringen in zes landen. Mijn hemel, dat gaat nooit lukken! De eerste drie dagen in Thailand is er hoegenaamd niks gebeurd. We hebben nog geen meter opgenomen.

Dit is de nachtmerrie van elke televisiemaker.

Thuis en op de redactie hebben we via sites als Tripadvisor en Virtual Tourist een waslijst aan potentiële oplichtingstrucs in Thailand gevonden. We hebben besloten onze kansen te vergroten door niet alleen Bangkok aan te doen, maar ook de populaire badplaats Pattaya. Drie dagen geleden zijn we in Bangkok geland en direct met een gehuurd busje hierheen gereden. De laatste vijf dagen zullen we in Bangkok doorbrengen.

Foute jetskiverhuurders

We besloten Pattaya aan te doen omdat het ons daar in elk geval zeker zou lukken om een belangrijke oplichterstruc op de verborgen camera vast te leggen. Internet wemelt van de verhalen en de waarschuwingen voor de zogenaamde jetski-scam. Het werkt als volgt: Je huurt op het strand een jetski, gaat er een rondje mee varen en bij terugkomst zit er opeens een kras op. Die zat er natuurlijk al op, maar nu word jij daarvoor verantwoordelijk gehouden. Er moet betaald worden. En flink ook. Een bedrag van omgerekend vijfhonderd euro is geen uitzondering.

Volgens de verslagen van slachtoffers op internet wordt er als je niet meteen betaalt door de woedende verhuurder flink gedreigd. Soms zelfs met fysiek geweld. Maar net als het echt uit de klauwen begint te lopen, verschijnt er een politieman ten tonele. Die zit in het complot. Hij speelt dat hij de gemoederen komt sussen en inspecteert met een zorgelijk gezicht de schade. Hij constateert een fikse kras en is het eens met de boze verhuurder.

Toch toont hij ook wat mededogen met de bange toerist. Goed als-ie is bemiddelt hij met de verhuurders in een wat lager schadebedrag, laten we zeggen driehonderdvijftig euro. Als toerist ben je allang blij dat je 1) niet in elkaar gemept wordt en 2) niet het volle pond hoeft te betalen. Oom agent wandelt daarop vriendelijk mee naar de dichtstbijzijnde pinautomaat. Het overeengekomen bedrag floept eruit en iedereen is weer rustig. Achter je rug krijgt de agent een deel van de buit.

Er staat zelfs een filmpje op YouTube van een stel goocheme Australische toeristen die het hele tafereel hebben vastgelegd met hun telefoon. Bovendien is er een soort top vijf van foute verhuurders op het strand van Pattaya. Met naam en toenaam erbij.

Dit kan ons niet mislukken, zou je zeggen. Gewoon een jetski huren bij een van de fouteriken, lekker naïef doen en bam, je wordt zo te grazen genomen. Om de paar honderd meter zit een verhuurder met een rijtje jetski's op het strand te wachten op toeristen die zin hebben in een ritje door de golven. Ernaast en erachter staan strandbedjes onder parasols. Ideaal voor mijn collega's om met hun camera positie te nemen en mij te filmen als ik een jetski huur en ermee wegrace. Best stoer ook. Onderweg zal ik met een meegesmokkelde minicamera ook nog wat shots op open zee maken.

Bij terugkomst kunnen de collega's vervolgens mooi vanuit hun positie vastleggen hoe ik word bedreigd en hoe de corrupte politieagent de oplichting vervolmaakt. Ik draag voor het geluid een verborgen microfoon die is doorgelinkt naar de camera in mijn tas die ik bij me heb, en die precies in het waterdichte opbergvakje van de jetski past. Dit kan niet misgaan. Denken we.

Maar nu is het dag drie en ik heb zeker al vijfentwintig keer zo'n ding gehuurd zonder dat er ook maar iets is gebeurd. Geen onvertogen woord. Helemaal niks. Ook niet bij de sujetten die op internet als uiterst louche te boek staan. Hoe kan dit? De meest recente verslagen van slachtoffers zijn van nog geen maand geleden.

Wat ons opvalt is dat de verhuurders zelfs tegengesteld gedrag vertonen. Toen ik na ritje twintig terugkwam bij de verhuurder en hem met een ietwat schuldige blik in m'n ogen wees op een kras (die er al zat), gaf hij geen krimp. Hij keek kort en ongeïnteresseerd en zei toen: 'Ach meneer, maakt u zich geen zorgen. Dat is een oude beschadiging hoor.'

Wat is hier in vredesnaam aan de hand? Terwijl Pattaya toch het toonbeeld is van de verloedering, de Sois volgepakt zijn met vuige hoerenclubs waar veel te jonge prostituees hun veel te oude en te dikke klanten plezieren met Walkingstreet in het centrum als centrale poel van verderf, waar je bijna makkelijker aan drugs en wapens kunt komen dan aan jus d'orange.

In dat Pattaya dus hebben uitgerekend de grootste boeven, de verhuurders van jetski's, zich opeens allemaal aangesloten bij de pinkstergemeente. Lijkt het.

Die avond krijgen we antwoord. Aan de boulevard ontmoet ik een Nederlander die hier al vele jaren woont. Hij kent Pattaya als zijn broekzak en weet precies wat er gaande is. De verhuurders zijn helemaal niet en masse bekeerd.

Ze hebben ongenadig op hun mieter gehad van het gemeentebestuur. En nu durven ze niet meer. Sinds enkele jaren overspoelen Russische toeristen de badplaats. Onder hen ook veel slachtoffers van de jetskimaffia. Het Russische reisbureau heeft daarop een klacht neergelegd bij de gemeente Pattaya. 'Als het gedonder niet snel is afgelopen met die jetski's, dan zorgen wij dat er geen Russen meer komen.' Of iets van gelijke strekking is daarbij over tafel gegaan.

Daar is de lokale overheid zo van geschrokken dat alle betrokkenen, inclusief de corrupte politie, in spoedzitting bijeen zijn geroepen. De eerstvolgende jetskiverhuurder die het geintje nog een keer flikt is subiet zijn vergunning kwijt. Probleem opgelost.

Dit alles was vorige week gebeurd, vertelde de Nederlander niet zonder trots. Het ging immers ook een beetje om de goede naam en eer van 'zijn' geliefde Pattaya.

Ja, en daar sta je dan als programmamaker die net een nieuw format heeft verkocht en op goed vertrouwen met een cameraman en een assistent door de baas naar het andere eind van de wereld is gestuurd. Aan de ene kant fijn natuurlijk dat er geen slachtoffers meer zijn van de jetskiboeven. Maar zo paradoxaal werkt het in de journalistiek natuurlijk overal. Als er niks in de wereld gebeurt en er opeens Grote Vrede uitbreekt, dan zitten er toch veel journalisten wat gefrustreerd duimen te draaien. Je hoopt er niet op, maar toch ook weer een klein beetje wel. Gek is dat.

Ikzelf verkeer op dit moment in mijn carrière in redelijke staat van paniek. Wat nu?

Hoe het begon

We hebben nog vijf dagen in Thailand. De volgende morgen in alle vroegte laten we Pattaya achter ons en gaan we naar Bangkok. Zou het daar wel lukken?

Elf jaar eerder – tijdens mijn eerste vakantiereis naar Thailand – is het idee voor dit programma bij mij geboren. Ik verbleef na een week op een superrelaxed eiland, samen met een vriend, nog drie dagen in Bangkok. Daar zijn we vervolgens op werkelijk meesterlijke wijze opgelicht. Ik wist toen: als je dit stiekem filmt, heb je een tv-programma.

Ik werkte destijds fulltime voor Peter R. de Vries. Pas toen hij in 2011 aankondigde te gaan stoppen met zijn programma legde ik mijn idee neer bij de baas van Endemol, het mediabedrijf waar ik sinds 1996 in dienst ben. En waar ook het programma van Peter de Vries werd gemaakt. SBS6 zou de ideale zender zijn. Maar het is een lastige klus om zomaar op papier een nieuw, duur programma aan een zender slijten. Zou het niet fantastisch zijn als we een pilot kunnen maken? Een soort voorbeelduitzendinkje, waarbij we een oplichtingstruc echt filmen met de verborgen camera? Bedachten we toen bij Endemol.

Die kans diende zich aan in februari 2012. Ik moest als programmamaker met Peter op reportage naar Ranong in zuid Thailand. Het was een van de laatste trips van het programma, dat in mei 2012 zou stoppen. Ik keek voor vertrek de directie van Endemol heel lief aan. Het lukte. Ik mocht twee dagen aan de trip vastplakken en samen met cameraman Marco en producer Sander in Bangkok blijven. Peter zou alleen terugvliegen. Dit was mijn kans.

Zoals elf jaar eerder betrokken we ook deze keer weer een brak hotelletje op de hoek van Kao Sarn Road, in het hart van Bangkoks backpackersgebied. Sawasdee Inn, bij de Irish pub vanaf Koa Sarn Road linksaf, en dan na honderd meter aan je linkerkant. En precies zoals elf jaar geleden werden we ook nu groots en meeslepend opgelicht. Alles feilloos opgenomen met de verborgen camera.

Dat werkte als volgt.

Aan de kop van Kao Sarn Road staan veel tuktuks te wachten op toeristen. Nou ja, te wachten. De tuktukrijders klampen iedere voorbijganger aan en smeken hem of haar in te stappen. Het is die dag namelijk net een nationale feestdag en de tarieven zijn daarom ten gunste van de toerist aangepast. Voor omgerekend een paar euro krijg je een rondtoer door heel Bangkok van minimaal een uur. Die kans kun je natuurlijk onmogelijk aan je neus voorbij laten gaan.

Er is een kleine 'maar', legt de tuktukchauffeur uit. 'We stoppen een paar keer bij een kledingwinkeltje. Daar krijg ik benzinebonnen als er een toerist van mij naar binnen gaat. Gewoon even rondkijken en weer instappen. Je hoeft niet eens iets te kopen,' verduidelijkt hij het commissiesysteem bij aanvang van de rondrit. 'O ja, en we stoppen ook nog even bij het officiële Government Expo Centre,' besluit de man met een toon in zijn stem alsof-ie dat bijna vergeten was. Maar dat was hij niet. Hiermee zaait hij namelijk zijn eerste zaadje.

Verder leidt hij de toerist vooral langs de mooiste tempels van de stad, waaronder – en daar draait alles om – de Lucky Buddha-tempel. De naam Lucky Buddha-tempel wordt door de chauffeur terloops genoemd. Alsof het een van de talloze, bekende tempels van de stad is. Maar niets is minder waar. Dit is de tweede kiem die op slinkse wijze in het hoofd van de toerist wordt geplant. De Lucky Buddha-tempel bestaat namelijk helemaal niet. Het is een willekeurige, onopvallende tempel, die de oplichters van Bangkok die dag hebben uitgekozen om toe te slaan. Een tempel waar weinig mensen komen, en al helemaal geen toeristen. Want in pottenkijkers hebben oplichters geen zin. De naam Lucky Buddha komt ook niet uit de lucht vallen.

Want zo meteen zal je, bevangen door de oosterse sferen van de overweldigende stad, een bijzonder toeval treffen juist bij die tempel. Het wordt je geluksdag.

De rit begint vrolijk en ongedwongen. Maar na de derde tempel en het tweede kledingzaakje stopt de chauffeur bij een hek. Hij wijst veelzeggend: 'There is the Lucky Buddha-tempel. For good luck.' Je stapt uit en belandt in de tuin van een klein, vrij lelijk tempeltje. Het lijkt er uitgestorven. Lijkt. Want net als je wilt weglopen, staat daar opeens een heel vriendelijke meneer naast je. Hij vraagt in verrassend goed Engels waar je vandaan komt. 'Ah Holland,' zegt hij dan met een blik vol opgetogenheid. Hij blijkt een goede vriend te hebben in Utrecht. Toeval bestaat niet!

Destijds, in 2001, was ik voor het eerst in Bangkok met een vriend, en we geloofden de aardige man bij de Lucky Buddha-tempel meteen. Want ook toen bestond hetzelfde rondritje al. We hielden (en houden) van Thailand en diens inwoners. We hadden er niet op gerekend dat er leugenaars tussen zouden kunnen zitten. De man van dé Lucky Buddha-tempel vertelde ook over zijn vriend uit 'Oetregt' die stinkend rijk was geworden in Thailand. Dat kwam omdat het Government Expoweek was. Als leuke geste aan toeristen mochten zij tegen extreem gereduceerd tarief en uiteraard belastingvrij edelstenen kopen. Het lollige was dat je ze in Nederland voor minimaal het dubbele weer van de hand kon doen. 'Bij Gassan Diamonds aan het Moesaioem Plain in Amsterredam,' wist hij nog. 'Op die manier kunnen toeristen hun vakantie helemaal terugverdienen en hoopt de Thaise overheid dat ze ooit eens terugkomen naar ons mooie land van de eeuwige glimlach.'

Mooi verhaal, dacht ik nog. En net toen Paul en ik afscheid wilden nemen, verschoot het gezicht van de man van neutraal vriendelijk in extreem opgewonden. Van plots opborrelend enthousiasme klonk zijn stem opeens een octaaf hoger. 'De hoeveelste is het vandaag?' vroeg hij. '14 juni,' antwoordde Paul. 'Maar dan is het net deze week weer Government Expoweek. Tot vrijdag. Morgen is de laatste dag! Jullie kunnen ook rijk worden. Je moet dan wezen bij het Government Expo Centre. Daar worden de edelstenen van overheidswege aan de toeristen verkocht. Het kan nog net, want ze zijn tot vijf uur open.'

We keken elkaar even aan. Geen spoor van achterdocht in onze gezichten. Nee, we zagen juist een gouden kans. 'Had die tuktukchauffeur net niet gezegd dat we daar ook nog heen zouden gaan?' realiseerden we ons gelijktijdig. We bedankten de tipgever en gingen op een drafje terug naar de tuktuk.

'Sla de rest van de tempels maar fijn over. Direct naar het Government Expo Centre graag,' commandeerde ik hem.

Na een halfuurtje door het chaotische verkeer van Bangkok arriveerden we bij het officiële overheidsgebouw. Het viel ons wel op dat het erg veel weg had van een sieradenwinkel. Binnen werd de beginnende achterdocht meteen weggenomen door een knappe dame in kokerrok. 'U komt voor de Government Expoweek? Loopt u maar even mee.' Paul en ik keken elkaar aan. 'Dit wordt onze lucky day.'

Achter een desk vroeg de dame onze paspoorten. Ik aarzelde heel even. Paspoorten afgeven. Maar ze was me weer te snel af. Met een verveeld gezicht van een routineuze overheidsambtenaar pakte ze een stapel van zeker vijftig paspoortkopietjes van andere 'lucky' toeristen die ons voorgingen. Ik mocht ze vasthouden. Ze waren van reizigers van over de hele wereld. Daarna loodste ze ons mee naar een vitrine met edelstenen. 'Jullie hebben een beetje pech,' ging ze verder met haar nog steeds knappe maar uitgestreken gezicht. 'De duurste sets zijn al uitverkocht. Alleen die en die zijn nog voorradig.' Ze wees daarbij op een paar saffieren in goud van omgerekend vijftienhonderd euro. De goedkopere setjes dus.

Door de manier waarop we naar binnen waren geloodst, de

geroutineerde terloopsheid van handelen van de mooie dame, de paspoortkopietjes en dan ook nog de mededeling dat de duurdere stenen uitverkocht waren, geloofden Paul en ik alles. We kochten zonder enige aarzeling voor 55.0000 bath aan sieraden. En we kregen ze niet eens mee. We lieten de kostbaarheden in blind vertrouwen achter met ons adres in Holland. Ze zouden ze naar ons opsturen. Nu ik dit opschrijf schaam ik mij weer diep. Maar het is allemaal echt gebeurd.

Pas 's avonds in ons hotel realiseerden we ons dat er stront aan de knikker was. Een oude, wijze Jordaniër aan de bar legde me haarfijn uit dat we keihard waren geflest. Dat er helemaal geen Government Expoweek bestaat. En ook geen Government Expo Centre. Dat de tuktukchauffeur, de man bij de Lucky Buddhatempel en de edelstenenverkoopster allemaal onder een hoedje spelen.

Achteraan in de rij

De volgende ochtend hebben we ons gemeld bij het hoofdkantoor van de toeristenpolitie van Bangkok. Een vriendelijke agente vroeg waar we voor kwamen. 'Dat is een lang verhaal,' zei ik. 'Het begon bij de Lucky Buddha-tempel en toen stond daar een meneer en...' Ze onderbrak me resoluut. 'U bent opgelicht met nepedelstenen zeker? Ga daar dan maar achter in die rij staan.' De dame neeg naar voren en wees naar rechts. Verderop stond inderdaad een rij van zeker vijftien westerse toeristen. Allemaal bedrukte gezichten. Sommigen zelfs in tranen. Ze waren er allemaal ingetrapt. Althans, de mensen die meteen hun edelstenen hadden meegekregen. Het was zonder uitzondering goedkope troep in plaats van dure saffieren, hadden ze inmiddels ontdekt.

Na een uur wachten en ervaringen met andere gedupeerden uitwisselen waren Paul en ik eindelijk aan de beurt. Terwijl we ons lange verhaal begonnen tegen twee agenten, werden we ook nu al snel onderbroken. 'Wat wilt u dat we doen meneer?' vroeg de ene. Ik zei gewoon maar dat we ons geld terug wilden. 'Dat kan misschien wel, maar net als in jullie land moeten we hier ook proces-verbaal opmaken en moet u de daders aanwijzen na hun arrestatie. Dan volgt een rechtszaak. Bent u hier over drie weken nog?' Een beetje bedremmeld schudde ik mijn hoofd.

'Dat merken we elke keer,' vervolgde de agent een beetje streng. 'De toeristen zijn zo stom en zo hebberig om erin te trappen, en wij moeten het dan direct oplossen. Liefst binnen een week. Want niemand is bereid zijn verblijf te verlengen om de rechtsgang in Thailand af te wachten.'

De man heeft volkomen gelijk, realiseerde ik me. Maar ik probeerde het nog een keer.

'Misschien is het toch wel interessant voor jullie als ik nu de daders aanwijs. Er ligt namelijk bij hen binnen een enorme stapel met paspoortkopietjes van een heleboel gedupeerden. Het is mogelijk een grote bende en dit is natuurlijk ook wel een kans voor jullie,' probeer ik.

De man glimlachte. 'Wat is je beroep in Nederland?'

'Ik ben misdaadjournalist meneer,' antwoordde ik beteuterd.

De agent bulderde het uit. Hij stond op en liep schokschouderend naar een kantoortje verderop. Ik zie het na elf jaar nog zo voor me. Paul lachte ook. Best hard ook. Wat een afgang!

Na vijftien seconden kwam de nog steeds proestende agent terug met een hoge politieman. Die droeg een pet en had tal van onderscheidingen op zijn borst. Het bleek de commandant. Hij lachte ook. Ik stond compleet voor paal.

'Waar is die zaak waar u bent opgelicht?' vroeg de commandant met een mengeling van medelijden en onderdrukte olijkheid in zijn ogen. Ik pakte daarop het visitekaartje uit mijn zak dat ik van de dame met de kokerrok had gekregen. De commandant keek ernaar, riep iets in het Thai tegen de andere agent en draaide zich toen naar mij. Hij kreeg nu een echte ondeugende twinkeling in zijn oog. 'We gaan erheen. Laten we ze pakken,' zei hij en beende vastberaden voor ons uit naar buiten.

Voor we het goed en wel beseften zaten Paul en ik in een Thais politie-escorte. Wij in de auto van El Commandante en nog vier politieauto's achter ons aan. Naar de oplichters. Van enorme sukkels voelden we ons opeens echte motherfuckers.

Na een kwartier arriveerden we bij het Government Expo Centre annex sieradenwinkeltje annex rovershol. We mochten voorgaan en de dame aanwijzen die ons de edelstenen voor veel te veel geld verkocht. Mijn hart bonkte in mijn keel. Bij binnenkomst stond ze meteen pal voor me. Ik wees haar aan en twee agenten namen haar apart. Helaas waren er geen toeristen aanwezig, maar al het overige personeel verstijfde zichtbaar. Vervolgens kwam er een oudere man vanuit een zijdeur op het tumult af. Het was de baas. De Capo di Tutti Capi. Hij begon direct als een bezetene in het Thai tegen onze vriend de commandant te schreeuwen. De commandant vertrok echter geen spier en wenkte me. 'Dit is de baas hier. Hij vraagt wat u precies wilt,' zei de politiechef. 'Ik wil mijn geld terug,' antwoordde ik.

Na een korte woordenwisseling tussen de politiebaas en de oplichterbaas moest ik met ze mee. De Capo nam plaats in een van de politieauto's en we stopten bij een pinautomaat. De oplichter ging eruit en pinde 55.000 bath. Het was een indrukwekkende stapel, precies het bedrag dat we betaald hadden. Met zeer veel tegenzin overhandigde hij het me in de politieauto. Paul en ik keken elkaar triomfantelijk aan.

Ik wist op dat moment: als Peter de Vries ooit met zijn programma stopt, dan ga ik een verborgen cameraprogramma maken over toeristenoplichting. En ik begin dan in Thailand.

En zo geschiedde.

Weer terug

En na elf jaar sta ik dus weer in een zogenaamde Lucky Buddhatempel. Het is er uitgestorven. Maar net als ik wil weglopen is daar plotsklaps uit het niets een aardige meneer. Na al die jaren is er helemaal niks veranderd in Bangkok. De man heeft een vriend in 'Oetrecht', die is heel rijk geworden door edelstenen te kopen in Bangkok, het is toevallig net die week Government Expoweek, etc. etc.

Ik speel dat ik erg enthousiast ben en film alles stiekem met de verborgen camera. Het hele traject, tot aan het zogenaamde Government Expo Centre waar ik voor omgerekend achthonderd euro aan (goedkope) sieraden koop.

Terug in Nederland monteer ik een clipje van tien minuten van ons avontuur en laat het aan SBS6 zien. Ze zijn enthousiast en de zender bestelt zes afleveringen. Ik mag het echt gaan proberen. We zullen naar Thailand, Bali, Marrakesh, Istanbul, Rio de Janeiro en Vietnam gaan.

Het avontuur start in november 2012. Onze allereerste trip van dit nieuwe programma is Thailand. Voor de duidelijkheid: Ik hier was dus in 2001 met mijn vriend Paul, daarna in februari 2012 voor de clip om zender SBS6 te overtuigen en nu in november 2012 weer voor het echte werk.

Georganiseerde oplichting

Deze grote eerste trip die zo beroerd startte in Pattaya krijgt echter een spectaculair vervolg in Bangkok. Alles zal nu goed komen.

Want er gebeurt die eerste dag iets heel bijzonders. Ik ga weer naar de kop van Kao Sarn Road en laat me gedwee meenemen door de eerste de beste tuktukchauffeur met een mooie aanbieding. Want ook nu weer is het juist vandaag een speciale feestdag. Er is in elf jaar helemaal niets veranderd.

We stoppen weer bij een Lucky Buddha-tempel. De derde in mijn leven. Weer een ander. En ja hoor... weer is er niemand, behalve een aardige vent die opeens opduikt als ik wil vertrekken. Alleen deze meneer heeft een T-shirt aan van de Tourist Police. Ik vraag hem of hij politieman is en hij bevestigt dat gretig. 'Ik heb net wat aan narcoticaklusjes gedaan op de eilanden en ben nu aangesteld bij de Lucky Buddha-tempel om toeristen te wijzen op het feit dat het Government Expoweek is,' zegt hij.

M'n oren klapperen. Dit is te mooi om waar te zijn! Een oplichter die zich voordoet als politieman. De verborgen camera's lopen als ik hem vraag om zijn penning. Daar had hij niet op gerekend en hij wordt zelfs boos. Of ik hem soms niet geloof. Als ik zeg dat ik denk dat hij een oplichter is, beent hij woedend weg. Ik ga achter hem aan de tuin van het tempeltje in. En dan gebeurt het ongelooflijke.

Opeens staat daar nog een 'politieman'. Hij heeft een regenjas aan van de Thaise toeristenpolitie. Ik kijk hem aan en herken hem meteen. Het is die kerel die me een halfjaar geleden bij die andere Lucky Buddha-tempel vertelde dat zijn vriend uit 'Oetrecht' zo rijk was geworden. De oplichter van toen staat nu in een heel andere wijk van het onmetelijk grote Bangkok verkleed als politieagent opeens weer voor me. Ik kan mijn ogen niet geloven. Het wordt een prachtige rel daar voor dat kleine, lelijke Lucky Buddha-tempeltje.

Gedurende de vier dagen die volgden hebben we nog veel meer ontdekt.

Tuktukchauffeurs

Zeer veel tuktuks vormen een schakel in een veel groter geheel. Ze zijn de armen van een octopus die overal toeristen binnenharken om te worden opgelicht. Niet alleen in sieradenwinkels.

Wat te denken van de aanbieding die veel tuktukchauffeurs de arme toerist doen om te gaan dineren bij een 'echt Chinees visrestaurant'. Nooit doen! Het is niet te vreten en de rekening is exorbitant. Bij binnenkomst staat er een rij aquaria waarin de aanstaande gerechten nog rondzwemmen. Erbij staan de prijzen. Die lijken billijk, maar dat zijn ze niet. In onleesbaar kleine letters staat ernaast dat de prijs per vijftig of honderd gram is. Je eet misschien ook een onsje. Maar achteraf dien je de hele vis van makkelijk een kilo af te rekenen. Daarnaast is de prijs van een biertje dat bij de maaltijd door de kelner warm wordt aanbevolen extreem hoog.

Tuktuks spelen ook een bedenkelijk rol in de hotellerie van Bangkok. Als een tuktukchauffeur je vraagt of je een hotel zoekt zeg dan resoluut 'nee'. Hij brengt je anders namelijk vrijwel zeker naar een soort fout toeristenbureautje waar men een hotel voor je regelt dat binnen het commissiesysteem valt. Het is meestal sjofel en te duur. Als je dan zegt dat je op internet een ander hotel hebt gevonden, is dat steevast vol, of het ligt in een afgesloten wijk waar net toevallig een politieke demonstratie wordt gehouden.

Dan zijn er ook de tuktuks die de jonge, wat aangeschoten man maar al te graag naar Patpong of Nana Plaza vervoert. Pas op. Het zijn de hoerenbuurten van de stad en voor je het weet word je door drie handlangers die de tuktuk bij aankomst opwachten ergens naar binnen geleid. Het is bijna altijd een duistere tent waar op de voordeur staat dat een biertje een euro kost, maar waar bij afrekening makkelijk vijftig euro per drankje dient te worden betaald. Als je te lastig doet, kan het voorkomen dat men geweld gebruikt. De tuktukchauffeur vangt trouwens driehonderd bath per klant die hij aflevert.

Nog een goed voorbeeld van georganiseerde oplichting is het officieel ogende Tourist Centre, waar entreekaartjes voor allerlei bezienswaardigheden dienen te worden gekocht. Niet doen. De kaartjes zijn onzin. Er bestaan in de meeste gevallen helemaal geen entreeprijzen.

Goudeerlijk

En hoewel mijn vriend Paul en ik in 2001 zo keurig geholpen werden door de toeristenpolitie, is ons in 2012 door een loslippige tuktukchauffeur verzekerd dat ook die hulpvaardige toeristenpolitie tot over de oren in het complot zit. De tuktuks rijden tegen commissie de argeloze toerist in een dure val, en de oplichtersbazen betalen de toeristenpolitie om niet te vaak op te treden.

De verliezers in dit hele spel zijn behalve de toeristen vooral ook de tuktukchauffeurs die te goeder trouw zijn. Want buiten de toeristengebieden blijken het goudeerlijke ondernemers. Voor een habbekrats loodsen ze je dwars door het drukke verkeer keurig en zonder bijbedoelingen naar je eindbestemming. Hoe je een eerlijke tuktukchauffeur kunt herkennen? Simpel. Hij vraagt gewoon een ritprijs van a naar b, in plaats van dat-ie een aanbieding heeft om je de halve stad te laten zien.

Bangkok heeft 8,5 miljoen geregistreerde inwoners. Met buitenwijken wordt het aantal geschat op 15 miljoen. De officiële munt is de Thaise bath. 100 bath is 2,70 euro.

Hotspots voor oplichters

Vliegveld

Snorders die je in de aankomsthal vragen of je een taxi naar het centrum wilt. Dit is een soort uitgeklede limo-service waar je driemaal het normale taxitarief betaalt. Nog veel beter is het om bij de uitgang links af te slaan en na honderd meter bij een speciaal loketje een (veel goedkoper) kaartje te kopen voor de Blauwe A-bus. Die rijdt een paar keer per uur en stopt onder meer bij Kao Sarn Road.

Kao Sarn Road, en de meeste andere toeristische locaties

Alle tuktukchauffeurs.

The Grand Palace

Tuktukchauffeurs die een stukje buiten de ingang zeggen dat het paleis vandaag dicht is. Dit is niet waar. Ze willen je meelokken naar winkels waar ze commissie krijgen.

Tourist Centre

Waar (weer) tuktukchauffeurs je heen willen brengen voor de verkoop van nepkaartjes voor bezienswaardigheden die helemaal geen entree heffen.

Hualamphong treinstation

Voor de ingang staan oplichters verkleed als officiële medewerkers van de spoorwegen. Ze vragen waar je heen wilt en zeggen dan dat de treinkaartjes naar jouw bestemming toevallig net zijn uitverkocht.

Ze lokken je vervolgens mee naar een reisbureautje om er (dure) buskaartjes naar jouw bestemming te kopen.

Veel tempels, vooral de Big Buddha-tempel
Dierenbeulen die tientallen kanariepietjes in de brandende zon in piepkleine kooitjes houden en geld vragen aan de ontzette toerist om ze vrij te laten.

Patpong en Nana Plaza
Extreme drankprijzen, vooral als een dame van plezier er eentje van je drinkt.

Juweliers die door tuktuks worden aangedaan
Verkoop van edelstenen van inferieure kwaliteit.

Filipijnen

Manilla, de jacht op de blackjack-bende, de finale

Met knikkende knieën nestel ik me op een bankje in het Rizal Park in het centrum van de stad. Een gekke plek die getuigt van een nogal ontspoorde drang naar moderne westerse waarden.

Het Rizal Park is namelijk door het gemeentebestuur van Manilla uitgeroepen tot rookvrije zone. Terwijl rondom het park sprake is van de goorste verkeersopstopping van heel Azië. Oude jeepneys (verlengde jeeps die als bus dienstdoen), stinkende tweetaktbrommers en gore vrachtwagens braken er een constante stroom van schadelijke gassen uit.

Manilla is met stip de meest vervuilde stad die ik ooit heb gezien. De amper acht kilometer van ons hotel in de wijk Makati naar het oude centrum Intramuros kost je in een taxi minimaal een uur. Lopen is vaak sneller. De spits duurt er van vijf uur 's morgens tot na tien uur 's avonds. En in die smerige, verstikkende, nooit stoppende walm van uitlaatgassen, bevindt zich het Rizal Park. Waar roken streng verboden is. Het is net zoiets als een kamikazepiloot verplichten zijn veiligheidsgordel te dragen.

En op die plek zit ik dus, met knikkende knieën. Want in Manilla moet het gebeuren. De ontmaskering van een blackjack-bende. Dit is de 'home base' van de bende en het moet toch wel erg raar lopen als we hier niet slagen. (Lees Vietnam en Cambodja.)

Bang

Het Rizal Park is volgens de reviews op internet de plek waar verreweg de meeste toeristen worden aangesproken en meegelokt. Weer voel ik die wat misselijkmakende mengeling van de zucht naar avontuur en de angst om me er daadwerkelijk in te storten. Om gedrogeerd en beroofd te worden, welteverstaan.

Maar we hebben natuurlijk niet 12.000 kilometer gereisd om nu opeens de bange poeperd uit te gaan hangen. Uit mijn verborgen cameratas pak ik de *Lonely Planet* en begin zogenaamd aandachtig te bladeren. Zo ziet een toerist er immers uit. Even uitrusten van een verkennende eerste dag in deze vreemde stad en me wat voorbereiden op de volgende bezienswaardigheid.

Mijn ijdelheid speelt me nu parten. Ik weet dat collega's Joep en Marijke iets verderop zitten en me stiekem filmen in de hoop dat ik zo word aangesproken. Dit kan dus op tv komen. Daarom 'lees' ik zonder mijn broodnodige leesbril. Zo'n half brilletje ziet er nogal bejaard uit, vind ik zelf. De tol is dat ik de hele tijd doe alsof ik lees. Dat is erg vermoeiend, geïnteresseerd kijken naar nauwelijks te onderscheiden lettercombinaties en wazige foto's.

Maar het duurt allemaal niet erg lang. 'Hello sir, how are you?' klinkt plots een vriendelijke stem voor me. Instinctief voel ik dat dit er eentje is. Een wat klungelige Filipijn informeert uit het niets naar mijn welbevinden. Als het goed is, gaat-ie zo meteen vragen waar ik vandaan kom en veinst-ie bij het horen van Amsterdam extreem blij verrast te zijn. Daar gaat zijn nichtje namelijk binnenkort studeren, of ik niet meewil naar zijn huis om haar wat meer te vertellen over Nederland... enzovoort, enzovoort.

Op dit soort momenten heb ik dikwijls de aanvechting om voor de grap alles in één keer stuk te maken. Volgens mij hebben meer mensen hier last van, dat ze op het moment suprême de boel expres willen verzieken. Bijvoorbeeld door – nadat deze man zijn hele riedeltje over zijn nichtje heeft afgedraaid – opeens te roepen: 'Grapje, ik kom helemaal niet uit Amsterdam, ik kom uit Madrid.' Ik zou het gezicht van Marijke, die stiekem met haar oortje meeluistert, weleens willen zien als ik dit doe na alle inspanningen in Vietnam en Cambodja en nadat we louter voor dit onderwerp uiteindelijk helemaal naar de Filipijnen zijn afgereisd.

Hersenspinsels. De man vraagt weliswaar naar waar ik vandaan kom, maar begint tot mijn verbazing helemaal niet over zijn nichtje. Hij komt gezellig naast me zitten en babbelt honderduit. Net als ik me begin af te vragen of dit niet toch een gewone, onschuldige passant is, zegt-ie: 'Zal ik u een kleine rondleiding geven door de stad? Er is een religieuze optocht bij Chinatown gaande. Erg interessant. Ik nodig u daarna uit om bij mij thuis een maaltijd te nuttigen.' Holadijee! Ineens zit ik er toch helemaal in. Ik loop achter hem aan, in de hoop dat mijn collega's me op een afstandje in de smiezen houden. Want voor mij staat een ding vast. Deze joviale kerel is totaal niet geïnteresseerd in het geven van een rondleiding aan een vreemdeling. Hij is uit op mijn geld en de kans is erg groot dat-ie me daarvoor eerst stiekem gaat trachten te drogeren.

We stappen in een overvolle jeepney en instinctief voel ik dat Joep en Marijke me nu erg snel zullen kwijtraken.

Een verre buitenwijk

Verderop is inderdaad een processie gaande, en de man leidt me braaf rond. Ondertussen zie ik hem wel tien keer sms'en. Waarschijnlijk naar het thuisfront waar het eten, de drugs en de blackjacktafel nu snel in gereedheid worden gebracht. En na een dik kwartier naar levensgrote beelden van de Zwarte Jezus van Nazareth te hebben gestaard gaat-ie me weer voor in de achterbak van een volgende jeepney. Het wordt een lange rit naar de buitenwijken van Manilla. Onderweg houdt hij me de hele tijd aan de praat. Een bekende handelswijze, ik kan zo immers niet goed zien waar we heen gaan. Maar wat hij niet weet is dat ik een aantal maal mijn verborgen camera op de weg richt zodat – als ik dit overleef – we achteraf kunnen reconstrueren wat mijn route was.

Op een doorgaande, stoffige weg, ver buiten het toeristische centrum stappen we uit. Ik volg hem door een onbekende, verre wijk waar hij na een korte wandeling stopt voor een huis. In een oogopslag zie ik dat dit net als eerder in Cambodja een woning is waaruit wegvluchten onmogelijk is. Een stalen deur met een slot, hoge muren en getraliede ramen. Ik volg mijn vriend, mijn gids, mijn toekomstige berover...

Als hij de stalen deur achter me sluit en op slot draait maakt zich een onlogische, vreemde kalmte van me meester. Ik moet me er nu maar aan overgeven en hopen dat dit goed afloopt. Ik kan niet afhaken nu precies gebeurt waarop we zo lang hebben gehoopt. Ik ben in huis bij een lid van de beruchte blackjack-bende en ik ga zo meteen van a tot z stiekem filmen hoe ze te werk gaan.

En precies zo geschiedde. Hoewel het verhaal van het nichtje ontbreekt, komt al snel een oom van mijn gids opdagen. Terwijl ik doe of ik slokjes van een aangeboden (en wellicht gedrogeerd) biertje neem, ontrolt zich de complete oplichtingstruc voor het alziend oog van mijn verborgen camera. De oom is croupier in een casino. Hij is gisteren belazerd door een rijke vriend, een zogenaamde oliesjeik uit Brunei. Oliesjeiken uit Brunei worden door de Filipijnen in heel Azië blijkbaar gebruikt om toeristen mee te imponeren (denk aan Vietnam).

En warempel, daar gaat de voordeurbel! Die sjeik komt plots opdagen, compleet met zonnebril, maatpak en koffer tjokvol dollars. In no-time zit ik met de oliesjeik te spelen. Uiteraard met het geld van de oom. De sjeik speelt roekeloos, terwijl ik dankzij geheime codes van de oom die de dealer is, honderden dollars win.

Opeens zet de sjeik – geheel volgens het script – een enorm bedrag in: 20.000 dollar. De oom neemt me apart in het toilet en fluistert dat hij niet voldoende cash in huis heeft om dit bij te passen. Of ik niet even 8.000 dollar wil pinnen. 'Tuurlijk!' antwoord ik in de wetenschap dat daarvoor de stalen deur van het slot moet en ik dus weg kan vluchten.

Dat doe ik dan ook, alle toneelspelers in opperste verwarring achterlatend. Met de verborgen beelden lukt het ons om net als in Cambodja de woning van de oplichters terug te vinden. De oliesjeik uit Brunei hangt juist zijn wasje op aan een raamkozijn op een bovenverdieping. Vijf minuten later wandelt hij onbekommerd de straat op. Recht in mijn armen.

Hij krijgt de schrik van zijn leven en probeert weg te vluchten. Maar hij maakt geen schijn van kans. De man geeft het hele bedrog toe en belooft plechtig om nimmer meer een toerist in deze smerige val te lokken.

Voor wat het waard is.

Manilla wordt meestal gezien als het totaal van 16 met elkaar vergroeide steden, ook wel Metro Manilla genoemd. Er wonen 11,5 miljoen mensen. De nationale munt is de peso, waarvan er ruim 52 in een euro gaan.

Hotspots voor oplichters

Rizal Park en de omgeving van Fort Santiago
Ronselaars van de beruchte blackjack-bende.

Chinatown
Verkopers van valse antieke zilveren dollar, zakkenrollers.

Hele stad
Corrupte politieagenten die toeristen met een smoes aanhouden om verzonnen bekeuringen te innen.

Makati, Malate en Ermita
De uitgaansgebieden in deze drie wijken zijn berucht vanwege de Ativan-bende. Ativan is de naam van een drug die men onopvallend in je drankje stopt om je daarna mee te lokken naar een afgelegen straat en je te beroven.

Tokio

Tokio, inclusief alle 47 randgemeenten, is de op een na grootste metropool ter wereld. Er wonen meer dan 30 miljoen mensen. De stad is netjes en geordend, en het kraanwater is bijvoorbeeld net zo zuiver als in Nederland. Een euro is 132 Japanse yen.

Hotspots voor oplichters

Roppongi en Shinjuku

Hier kom je Nigerianen en Oost-Europeanen tegen, die op straat vanaf een uur of acht 's avonds op omvangrijke schaal (en op een hinderlijke manier) passanten proberen mee te lokken naar een van de vele honderden verscholen clubs. Zo'n club blijkt dan een veredelde zolderkamer zonder andere klanten, maar met een stuk of wat prostituees die zich als hitsige keffertjes op de nieuweling storten.

Dames en manager doen er vervolgens alles aan om je zo snel mogelijk stomdronken te voeren in de hoop dat je een fles champagne van pak 'm beet 2200 euro bestelt. Deze clubs worden gerund door de yakuza, de gevreesde Japanse maffia. Er zijn schrikbarend veel gedupeerden. De Amerikaanse ambassade heeft op haar website zelfs een *special warning* aan deze vorm van oplichting gewijd.

Ikebukuro

Rondom het treinstation houden zich veel nepcollectanten op, die geld inzamelen voor bijvoorbeeld de slachtoffers van de ramp bij Fukushima. Op deze plek vind je ook nepmonniken die om geld bedelen.

Hong Kong

In tegenstelling tot de rest van China is Hong Kong op en top westers. Net als in Japan is ook hier het kraanwater veilig om te drinken. Hong Kong heeft een eigen munt, de Hong Kong dollar. Een euro is 8,5 Hong Kong dollar.

Hotspots voor oplichters

Nathan Road

Vooral aan het begin, tegenover het iSquare Shopping Centre, kom je hordes Indiërs en Bengalen tegen die toeristen drugs en valse horloges proberen te verkopen.

Drugs zijn een no-go in Hong Kong. De straffen zijn – in tegenstelling tot wat de dealers bij hoog en bij laag volhouden – zeer hoog: vijf tot vijftien jaar cel voor handel en/of bezit.

Voor een nephorloge word je meegetroond naar een louche bovenverdieping waar een miniwinkeltje is verstopt en waar je via een bewakingscamera in de smiezen wordt gehouden door een grote baas.

Chungking Mansions

In de steegjes van dit complex aan Nathan Road dringen helderziende magiërs zich aan je op als toekomstvoorspeller. Met een slim foefje lukt het ze om iets te raden dat alleen jij weet (de naam van je moeder bijvoorbeeld) en ze vragen daarvoor een exorbitant hoog bedrag. Honderd euro voor vijf minuten hocus pocus is geen uitzondering. Niet betalen en gewoon weglopen is het devies.

Kowloon

Er zijn heel veel elektronicawinkels die massaal toeristen flessen. Ze bedienen zich van de zogenoemde 'bait&switch-scam'. Deze werkt als volgt: je koopt een artikel waarop de bediende meldt dat dit toevallig niet in de winkel ligt. Dan wordt er een medewerker 'naar het magazijn' gestuurd.

Terwijl je rustig wacht probeert de verkoper je nog wat extra spulletjes uit zijn winkel aan te smeren. Tegen de tijd dat de medewerker terug is, heb je er meestal wel iets bij besteld. Alles wordt in een grote plastic tas geladen, je ondertekent een onleesbaar formuliertje en betaalt.

Als je in je hotel komt en de boel uitpakt, blijkt dat de spullen van een ander (veel goedkoper) merk zijn. Teruggaan en je geld terugvragen heeft weinig zin. Op het formulier dat je hebt ingevuld, staat in piepkleine letters dat je hebt afgezien van de mogelijkheid om te ruilen.

Shanghai

Shanghai is niet de hoofdstad van China, dat is Beijing, maar het is wel de grootste stad van het land en telt 23 miljoen inwoners. Van de nationale munt, de yuan, gaan er ruim 7 in een euro.

Hotspots voor oplichters

Het eindstation van de Maglev-trein

De trein zweeft van het vliegveld met 400 km/uur naar het centrum. Op de aankomstplek wordt er via de intercom en borden voor gewaarschuwd dat je als toerist naar de officiële taxistandplaats dient te lopen. Want bij de zijuitgang word je opgelicht.

De grap is dat je op beide plekken even hard wordt geflest. De chauffeurs op beide locaties weigeren zonder uitzondering hun meter aan te zetten 'omdat ze je willen matsen'.

In werkelijkheid betaal je het vijfvoudige van het officiële tarief. Je poot stijf houden heeft geen zin. Ze nemen je simpelweg niet mee als je eist dat de meter aan moet.

Nanjing Road tot aan De Bund

Dames die alleenwandelende mannelijke toeristen aanspreken voor een massage of een lekker hapje eten ('voor de gezelligheid, we doen de rekening gewoon samsam')? Nooit op ingaan!

De massage is bij mij uitgelopen op een regelrechte gijzeling waarbij de manager van de salon samen met een brede uitsmijter na afloop 2300 euro huur voor de massageruimte eiste. Ik ben in tien minuten zeker vijftienmaal met de dood bedreigd.

Het hapje eten is ook linke soep. Een aardige dame (meestal in de omgeving van het Sofitel) troont je mee naar een afgesloten restaurant op een bovenverdieping waar je zonder het te vragen een hele tafel vol hapjes en wijn krijgt voorgeschoteld. De dame 'ontdekt' dat ze haar portemonnee is vergeten en jij moet betalen. Laten het nou net de duurste wijntjes zijn die ze hebben geserveerd. Niet betalen is er niet bij, want de weg naar de vrijheid wordt dreigend geblokkeerd door een gespierde restaurantmedewerker.

Peoples Square

Op dit plein zijn erg veel zogenaamde studenten die doen alsof ze uit Hong Kong komen en in Shanghai met vakantie zijn. Of je even een foto van ze wil maken. Dat is het trucje om in gesprek te komen. Ze zijn hier – zeggen ze – net als jij ook voor het eerst en zijn juist onderweg naar een traditionele theeceremonie. Misschien wil je even gezellig mee? 'Een unieke kans om het ware China te ontdekken. Het is maar een paar minuten lopen.'

De 'studenten' zijn in werkelijkheid in dienst van de theehuizen. Als je meegaat, gaan ze je voor naar miniruimtes achter Nanjing Road, waar een als traditionele Chinese theekenner verklede oplichter je inwijdt in de geheimen van het theezetten en het theedrinken.

Er zijn verschillende bijzondere smaken. Vooraf wordt gemeld dat elke pot je slechts vijf euro kost. Je krijgt vervolgens een hele zwik vingerhoedjes thee geserveerd uit de verschillende potten. De prijs blijkt achteraf vijf euro per slokje te zijn. Een halfuurtje binnen zitten kan je zomaar tweehonderd euro kosten.

Antalya

Deze zonzekere bestemming aan de Turkse Rivièra is ongekend populair bij Nederlanders. Enkele honderdduizenden landgenoten laten zich elk jaar verwennen in de luxe all-inclusive resorts langs Lara Beach.

Vergeet in Antalya je Turkse lira's. Euro's zijn hier een algemeen geaccepteerd betaalmiddel.

Hotspots voor oplichters

De snelweg naar het vliegveld

In Antalya hebben wij de omvangrijkste toeristenoplichting uit de geschiedenis van het programma vastgesteld. En de grap is: de daders zijn de grote bekende Nederlandse reisorganisaties. De lokale oplichters kunnen niet in hun schaduw staan.

De truc gaat als volgt: vanuit je all-inclusive resort worden dagtripjes aangeboden. In zo'n tripje zit vaak ook een bezoekje aan een lokale juwelier, lederzaak of tapijtwinkel.

Dit blijken gigantische winkelparadijzen te zijn die op een verlaten industrieterrein staan langs de weg naar het vliegveld. Er is geen Turk te bekennen. Ze zijn puur en alleen gebouwd voor de toeristen uit de resorts.

De hele dag is het er een komen en gaan van propvolle bussen, waar de hordes verbaasde reizigers bij aankomst op allerlei manieren wordt ingepeperd toch vooral iets te kopen. De prijzen zouden geweldig laag zijn en de kwaliteit enorm hoog. Als je erin trapt ben je ongeveer tweemaal het bedrag kwijt dat je in elke andere winkel zou betalen.

En nu komt het ergste: je eigen touroperator pakt – nadat je hiervoor al flink bent besodemieterd – 40% commissie. Als je er voor duizend euro koopt (wat heel erg vaak gebeurt) verdwijnt er dus direct vierhonderd euro in de zak van je eigen touroperator. Het zijn walgelijke, ordinaire geldfabrieken van de reisorganisaties en de hardwerkende lokale middenstand van Antalya is de dupe. Want de reisorganisaties schromen er niet voor om de toeristen te ontraden hun snuisterijen in het oude stadscentrumpje te kopen.

Om de gotspe compleet te maken: onder het mom van belastingvrij winkelen worden bij de megawinkels tijdens je aankoop alvast je douanepapieren in orde gemaakt. Men vraagt dan wanneer de terugvlucht naar huis is. Op het vliegveld word je dan door een 'behulpzame medewerker' van de winkel uit de rij voor de incheckbalie gepikt. Hij helpt je met 'wat noodzakelijke' stempels. Wat de schoft in werkelijkheid doet, is je VAT-refund cashen. Veel toeristen weten dit niet, maar op elk internationaal vliegveld kun je bij zo'n VAT (Value Added Tax)-kantoortje de btw terugvragen van je lokaal aangeschafte kostbaarheden. Dat is 18%. Dit is voor de toerist zelf bedoeld, en zeker niet voor de juwelier die je ook al mega heeft opgelicht.

Marijke en Kees in Tokio

Op weg naar een nieuw avontuur met Joep

Marco laat trots zijn mooiste shot terugzien

Draaiboek schrijven in Cambodja

Overleg met Marijke in Turkije

Biertje na een lange dag in Athene

Testen van een nepsigaar in Cuba

Marco wordt gewaardeerd

Oplichter neemt me mee op de achtergrond, Cuba

Koffie voor Joep en Kees,
vliegveld Buenos Aires

Een nep-apotheker
probeert me in Marrakesh
mee te lokken

Op de Mekong Rivier

Wachten op de Thalys naar Parijs

Werkoverleg in Parijs

Istiklalstraat Istanbul

Twee werelden
in Marrakesh

Piepkleine hotelkamer in Tokio

Voor een keer samen mee. Joep en Marco in Barcelona

Overleg met contact-
persoon in Gambia

Een lekke band
onderweg in Vietnam

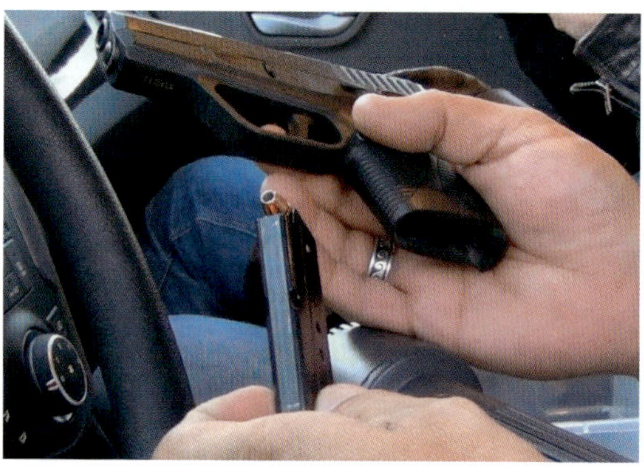

In Las Vegas tovert een oplichter zijn 9mm pistool tevoorschijn

Europa

Europa is traditioneel een smeltkroes van culturen. En dat schemert ook door in de oplichtersscene. Het betekent dat je in Europa als toerist van alles kunt tegenkomen. Toch springen er een paar belangrijke, typisch Europese trucs uit.

Berucht zijn de zogenoemde bar-scams, waarbij reizigers onder valse voorwendselen op straat worden meegelokt naar een bar of een club waar de rekening in no-time wordt opgedreven tot honderden euro's.

Vooral in Oost-Europa, maar ook in Parijs en Portugal zijn de bar-scams behoorlijk in zwang. Verder zal de argeloze reiziger in Europa geconfronteerd worden met nepcollectanten, fraudeurs bij kaartjesautomaten van de metro en zakkenrollers.

Opvallend genoeg is het welvarende, en in veler ogen geciviliseerde Europa bij uitstek *hunting ground* voor oplichters. Je bent in sommige steden (Parijs bijvoorbeeld) eerder aan de beurt dan in Ho Chi Minh in Vietnam, om maar eens een dwarsstraat te noemen.

Frankrijk

Parijs, de mooiste stad met de meeste oplichters van allemaal

D, G, weer een D en dan de B mineur. Mis, nog een keertje. Collega Marijke gebaart dat we nu echt iets moeten gaan doen. Ik probeer 'In the neighbourhood' van Tom Waits te spelen achter een zwarte piano op het perron van Gare du Nord. Die staat daar gewoon. Voor passerende reizigers die zin hebben om een riedeltje te spelen. Superleuk gebaar van de SNCF. Ik kan alleen maar akkoordjes, maar een piano langslopen zonder er even op te pielen, dat is bijna onmogelijk. Zelfs als je op het punt staat snoeihard te worden opgelicht.

Gare du Nord. Marijke, cameraman Marco en ik mijmeren er nog vaak over. Dit station is het walhalla voor oplichters. Dus ook voor ons. Als je doorhebt hoe het er werkt, dan kun je enorm veel lol beleven. Zelfs zo, dat Marijke vast van plan is om een keer met haar vriendinnen speciaal naar Parijs te gaan, louter om op Gare du Nord oplichters te fucken.

Het werkt als volgt. De vermoeide toerist komt aan met de Thalys uit Amsterdam. Hij pakt z'n koffer en zeult ermee over het perron naar de uitgang. Halverwege is daar een bordje met een pijl. De metro. Naar beneden dus. De metro is verreweg het beste vervoermiddel in de Franse hoofdstad. Elke andere manier van transport is veel trager en veel duurder. Zover zijn de meeste toeristen wel. Met de metro ga je dus naar je hotel.

Maar hoe werkt het eigenlijk? Kaartjes kopen voor het openbaar vervoer in een vreemd land, het is en blijft een crime. 'Ah!

Daar staat een lange rij mensen voor een apparaat. Dat zal dan wel een kaartjesautomaat voor de metro zijn.' Je staat net in de rij je af te vragen of je zo meteen – als je aan de beurt bent – wel iets zult snappen van het systeem, als er plotseling een heel aardige jongeman aan je zijde verschijnt.

Rot-scam

Hij werkt voor het hoofdstedelijke metrobedrijf, zegt-ie. Als bewijs van zijn autoriteit tikt hij met een veelzeggende blik op een kaartje met pasfoto aan een keycord om zijn nek. De jongen spreekt ook een mondje Engels. Fijn is dat. Boven op het perron zetten de Franse Spoorwegen zomaar een piano neer en eronder lijkt het wel of het metrobedrijf wedijvert om de gunst van de toerist door gratis en voor niks vriendelijke medewerkers op vragende gezichten af te sturen.

De aardige kerel stelt voor om een stukje mee te lopen. Daar staat namelijk ook een automaat en daar is geen rij, beweert hij. En warempel, even verderop zijn de poortjes naar het metroperron en daar vlak voor staan nog een paar automaten. Het is er inderdaad een stuk rustiger. De hulpvaardige man gaat nu vlak naast je staan. Hij kijkt wel vaak om zich heen. De kaartjesautomaten blijken, zoals gevreesd, best gecompliceerd. Met een soort rollende stang scrol je door een oneindig ingewikkeld menu.

Nu is daar weer een glansrol weggelegd voor de helper naast je. Met een ietwat verveeld gezicht – zucht, weer zo'n stomme toerist die het niet snapt – begint hij als een doorgewinterde gamer door het programma te racen. Vliegensvlug gaat-ie van het ene onbegrijpelijke scherm naar het andere. 'Hoeveel dagen? Hoeveel zones?' Voor je er erg in hebt, heeft hij een kaartje aangeklikt van ergens tussen de twintig en honderd euro. Bijvoorbeeld de hele week Parijs plus alle voorsteden, terwijl je eigenlijk alleen naar je hotel wil. Maar ach, wat doet het ertoe. Ben je direct voor de hele week gedekt. Het apparaat vraagt nu om je bankpas.

Het tweede bedrijf van het toneelstuk begint. Je nieuwe vriend gebaart dat je je bankpas moet pakken en die in de automaat moet stoppen. Dat doe je braaf. Maar dan, als je hem er net in wilt stoppen, grijpt hij weer in. Een diepe zucht. 'Uw bankpas werkt niet op deze automaat meneer,' is zijn conclusie na een korte, afkeurende blik. Echter, omdat hij nu eenmaal de goedheid zelve is, pakt de metromedewerker zijn eigen bankpas uit zijn zak. 'Wacht maar meneer, ik schiet het wel even voor.' De schat.

Wat een fantastisch bedrijf. Medewerkers komen je 'om niets' helpen, dirigeren je naar een rustige plek zonder lange rij en als je dan zelf zo'n oelewapper bent dat je een foute bankpas gebruikt, blijven ze uiterst geduldig en pakken ze gewoon hun eigen bankpas. Bravo!

Het enige dat je hoeft te doen is even de prijs van het kaartje cash aan hem terugbetalen. Logisch. Met je net bemachtigde metrokaartje loop je naar het poortje, stopt hem in de gleuf, en daar kantelt het hekje al open. Achter je staat die aardige meneer alweer een nieuwe hulpeloze toerist te helpen.

Pardon. Keihard op te lichten.

Je bent namelijk zojuist ongelooflijk genaaid. Het kaartje in je hand is een kinderkaartje van zestig cent. De helper maakt deel uit van een groep van rond de tachtig jongens die niets anders doen dan toeristen beroven. Ze schieten helemaal niks voor. Ze hebben hun zakken vol met kinderkaartjes en doen net alsof ze die uit de automaat halen. Jij betaalt ze het bedrag dat ze al scrollend door het menu voor je hebben gevonden. Jouw pinpas doet het natuurlijk gewoon wel. Hun eigen pasje gebruiken ze helemaal niet. Ze drukken ongemerkt op 'annuleren' in plaats van op 'betalen' als hun eigen pasje erin zit. Dan doen ze een graai in de bak eronder waar normaal gesproken je metrokaartje in valt. Daar vindt dan ook de wisseltruc plaats. Ze doen net alsof ze daar je kaartje uitpakken. Maar het is een kinderkaartje dat ze al in hun hand hadden.

Het is een grote rot-scam. En de Franse politie maakt verbeten jacht op deze bende. Handlangers staan echter op strategische punten op de uitkijk, en als er politie in de buurt is volgt een afgesproken signaal waarop de zogenaamde helpers opeens wegrennen.

Als je een halfuurtje de tijd neemt voor een kleine observatie, onder aan de roltrap van het station Gare du Nord naar het metrostation, zie je ze als bijen rondzwermen. Het aardige is dat je ze goed kunt terugpakken. Gewoon vlak achter een argeloze toerist gaan staan die op het punt staat te worden opgelicht en dan net op tijd ingrijpen. Nog even hard '*escroc*' roepen (spreek uit eskroo, oplichter) en de hulpvaardige metrohelper verandert in een betrapte boef die het op een rennen zet.

Ook op Gare d'Austerlitz en Gare de Lyon zijn ze actief. Maar Gare du Nord is veruit favoriet.

Niet te winnen

Het is een gekke stad, dat Parijs. Zo dichtbij, zo mooi, zo geciviliseerd en dan zo vol oplichters. Werkelijk overal liggen ze op de loer.

Want niet heel ver van Gare du Nord bevindt zich de Sacré Coeur. Daar is het onherroepelijk raak. Als je uitstapt bij metrohalte Anvers en je wandelt over de Boulevard Rochechouart in westelijke richting, kom je vrijwel zeker de volgende groep oplichters tegen: de balletje-balletjespelers. *Bonneteau* in het Frans. Een bekende hotspot is voor het Ibis Hotel. Ook leuk om deze lieden te observeren en dan de boel te verstieren.

Je denkt: wie trapt daar nu nog in? Maar het loutere feit dat ze met zo velen actief zijn is al een bewijs van hun succes.

Nog even voor dummies. Balletje-balletje kun je nooit winnen. Het gaat als volgt.

Een dealer staat met drie schijven of met drie bekertjes druk heen en weer te schuiven. Op een omgekeerde doos. Eromheen staat een groep 'toeristen' te joelen en te spelen. Soms wint er eentje en soms verliest er eentje. De inzet is altijd honderd euro. Als je wint krijg je er tweehonderd terug. Als je verliest ben je de honderd kwijt. Doel is het raden van het bekertje waar het balletje onder zit of de schijf waar aan de onderkant de witte stip zit.

Maar de omstanders zijn helemaal geen toeristen, het zijn handlangers die aan de passerende, echte toerist het gevoel moeten geven dat je vrij grote kans hebt om te winnen.

Als je in het langslopen even stopt om te kijken begint pas het echte (toneel)spel. Net als jij inzet omdat je zeker weet waar het balletje ligt, blijkt dat je misgokt. Dat komt omdat er nergens meer een balletje onder zit. Het balletje wordt namelijk met een vingervlugge beweging weggegrist door de dealer. In het geval van de schijven wordt de schijf met een goocheltruc verwisseld. Een dealer achter de Eiffeltoren heeft het ons voor twintig euro uitgebreid laten zien.

Ook bij deze oplichters kun je aardig plezier beleven, maar dat vereist wel wat moed. Want de hele bende keert zich na ontmaskering direct als één man tegen je. Het is goed om in je achterhoofd te houden dat ook op deze lieden verbeten jacht wordt gemaakt door de Parijse politie. Dus een keer keihard 'police' roepen doet wonderen.

Vliegensvlug trucje

Zo pak je ze aan: eerst moet je duidelijk maken dat je echt gaat spelen. Zodat het spel, met alle acteurs, zich uitsluitend op jou richt. Dit is eenvoudig. Je gaat geïnteresseerd in de groep spelers staan en pakt alvast je portemonnee. Dat zien ze onmiddellijk en vanaf nu ben jij het corpus delicti.

Bij de schijven dien je goed op te letten welke schijf de witte moet zijn. Dat laat de dealer namelijk altijd 'per ongeluk' heel even zien zodat je het gevoel hebt dat de aanstaande overwinning een feit is. Laten we zeggen dat het deze keer de linker is. Eén ding is nu zeker: de witte stip zit hier pertinent níét onder. De dealer heeft zijn vliegensvlugge trucje al uitgehaald.

Je moet nu een blik opzetten alsof je het vrijwel zeker weet en kijkt daarbij zeer gericht naar de linker schijf. De dealer weet nu dat je die zo gaat kiezen. Maar je aarzelt heel even. Wat er dan gebeurt is bijzonder. Een van de omstanders (een handlanger die zich voordoet als toerist) pakt opeens een briefje van honderd euro en wijst een andere schijf aan. Bijvoorbeeld de middelste. De dealer draait die om en het is niet de witte. De handlanger verliest dus zogenaamd en jij hebt opeens 50% kans. Omdat je kans zo sterk vergroot is, vraagt de dealer je om nog eens honderd euro bij te zetten. Op deze manier vergroten de oplichters in één klap hun buit met 100%. Maar nu niet dus.

Want je blijft in je rol en doet of je zo meteen stoïcijns nog steeds voor de linker gaat door er strak naar te blijven kijken. Maar je weet, dankzij de 50% kans, nu zeker dat de schijf met de stip de rechter moet zijn. Je pakt honderd euro extra en geeft die ook aan de dealer. Dan breng je je hand langzaam naar de linker... en met een snelle beweging draai je de rechter schijf om. Dát is namelijk de witte.

De boersheid van de oplichters openbaart zich nu. Ze laten meteen hun masker vallen en beginnen als idioten tegen je te vloeken en te tieren dat je dit spel nooit meer mag spelen. Je krijgt je inzet terug en met wat verwensingen verlaten ze als een ruziënd gezin het toneel.

Mocht je onverhoopt toch de verkeerde schijf aanwijzen. Geen nood. Ook dan biedt een grote mond uitkomst. Gewoon keihard roepen dat je je geld terug wilt en dat je anders wel even de politie erbij zal halen, en hop, je hebt je hele inzet weer in je hand.

Bij de variant met het balletje dien je gewoon alle drie de bekertjes om te kieperen, waarna tot wanhoop van de oplichters blijkt dat er nergens een balletje onder zit. Zelfde resultaat.

Goed, dat was dan balletje-balletje.

Een stukje terug over de Boulevard de Rochechouart, weer naar het oosten, pak je de tweede weg links. Dat is de Rue de Steinkerque. Aan het einde ervan ligt de Sacré Coeur, althans het park ervoor. Hier wacht je de volgende verrassing.

Je staat je net te verbazen hoe al die Afrikanen hier kunnen overleven van al die duizenden koperen Eiffeltorentjes op grote lakens – die niemand koopt – als er een man uit het niets tegen je begint te praten over Afrika. Hij roept wat bekende termen uit de film *The Lion King* en na de derde keer 'Hakuna Matata' zit er opeens een armbandje om je pols. Nou ja, een armbandje. Het is meer een gevlochten touwtje in drie kleurtjes. Het zit muurvast geknoopt. Of je er even twintig euro voor wil betalen.

Natuurlijk doe je dat niet. Gewoon weglopen is de beste optie, desnoods met armbandje. Je kunt ze ook iets billijks geven, bijvoorbeeld één euro. Ook nu weer geldt de ijzeren wet van Parijs: als ze lastig doen 'police' roepen en ze druipen direct af.

De werkwijze van de Parijse agenten roept trouwens sterke herinneringen op aan de oude Louis de Funès-films. Nu ik erover nadenk acht ik de kans aanwezig dat deze films in Frankrijk helemaal niet als lachfilms te boek staan, maar als een nuchtere afspiegeling van de dagelijkse praktijk binnen het politiekorps.

De Parijse agenten patrouilleren met zijn tweeën en lopen van toeristische trekpleister naar toeristische trekpleister. En aangezien Parijs van alle Europese steden zo'n beetje het grootste aantal oplichters herbergt, is het overal waar ze al wandelend arriveren meteen raak. Zo ook bij de Sacré Coeur. Ik ben net in discussie met mijn armbandoplichter als uit het niets zijn interesse in mij en in de opbrengst van zijn armbandje compleet weg is. Als een robot draait-ie zich om en gaat tien meter verderop op het gazon van het talud naar de basiliek zitten. Daar zitten een paar maten van hem ook al. Ze praten wat, roken een sigaretje en genieten van de zon. Het zijn opeens net toeristen.

Na een paar tellen wordt duidelijk waar deze vreemde betovering vandaan kwam. Om de hoek verschijnen twee typisch Parijse agenten. Een jaar of twintig oud nog maar. Handjes op de rug. Vrolijk babbelend. Pomtidom. Niks aan de hand. Niks verdachts te zien ook hier. De boeven hebben bij elke ingang van het park voor de Sacré Coeur een handlanger geposteerd die met een signaal de rest waarschuwt. Zo doen ze dat op alle strategische plekken in Parijs.

En als toerist waan je je dan zomaar in een vrij slechte scène van een Louis de Funès-film.

Ik loop naar de agenten toe. Ze weten gelukkig precies wat er speelt en vertellen me dat het een echt kat-en-muisspel is tussen de politie en de oplichters. Als daders betrapt worden, moeten ze mee naar het bureau. Dit geldt voor alle oplichters die bij toeristische trekpleisters in de stad actief zijn. 'Het is een ware plaag,' verzekert de jongste van de twee me.

Blijven staan

Maar de Parijse politie doet natuurlijk iets helemaal verkeerd. Ze patrouilleren. Ze wandelen als een stelletje droogkomieken van trekpleister naar trekpleister. Dat moeten ze natuurlijk helemaal niet doen. Ze moeten gewoon blijven staan! Bij elke attractie in de stad een vast team politieagenten. Want als ze hun kont keren, zijn de oplichters binnen tien seconden weer aan het werk. En zo gaat dat op elke hotspot de hele dag, het hele jaar door.

We dalen af naar het centrum van de lichtstad. Bij het Louvre, vooral aan de kant van de Seine en op het gravelplein aan de achterkant, gebeurt alweer iets bijzonders. Zigeunervrouwtjes stiefelen als poppetjes uit een tweedimensionale computergame uit de jaren tachtig hoekig heen en weer. Ze voeren iets in hun schild. Maar wat?

We zijn dan getuige van werkelijk de belachelijkste vorm van toeristenoplichting ooit.

Er komt een nietsvermoedende toerist aan. Een van de vrouwtjes maakt zich los van de game en schuifelt achter haar prooi aan. Ze versnelt. Net als ze de toerist passeert laat ze een ring op de grond vallen. De toerist ziet opeens een sieraad langsrollen, waarop de plots opdoemende zigeunervrouw aan zijn zijde er met een geschrokken gezicht naar wijst. In een vlugge beweging pakt de oplichtster het kleinood op en geeft het aan de toerist. 'U hebt deze laten vallen, alstublieft.' Zonder het antwoord af te wachten loopt de oplichtster nu door, voor de toerist uit.

De toerist is in verwarring. Die hele ring is niet van hem, en het is nog een waardeloos blikken ding ook. Maar hij staat er nu wel mee in zijn handen.

Dan draait de oplichtster zich om en keert terug. Ze loopt op het slachtoffer af met een gezicht dat erop moet duiden dat ze zich opeens toch heeft bedacht: een beetje een vragende blik met gefronste wenkbrauwen. Bedremmeld vraagt ze nu om een vindersloon. De ring is immers van puur goud en ze had hem net zo goed zelf kunnen houden. Bovendien hebben al haar zeventien kinderen nauwelijks te eten. Zoiets. Haar eerlijkheid dient in ieder geval beloond te worden. Daar gaat het om.

Uit mededogen en toch een beetje in verwarring, trekken veel toeristen hun portemonnee. Als de oplichtster heeft gecasht, verdwijnt prompt alle vriendelijkheid uit haar gezicht en draait ze zich met starre blik, zonder 'dankjewel' om. Ze voegt zich snel weer in het oude computerspel van heen en weer lopen op haar stekkie bij het Louvre.

Van het Louvre wandel je over de Voie Georges Pompidou in een paar minuten naar de Notre Dame.

Onderweg is het weer een paar keer raak. Daar zit een stelletje balletje-balletjespelers. Voor onze ogen worden ze opgepakt. Niet door de agenten uit Louis de Funès-film, maar door een paar stoere undercovercops. Hup in de boeien en dan in een busje.

Collectanten

Ze rijden weg en nog geen minuut later valt ons oog op een groepje opgeschoten jongens bij de Pont Neuf. Ze zijn druk, hebben veel bravoure en lijken het te hebben over seks. Dit gezien de heupschuddende bewegingen van een van hen en het gejoel van de rest daaromheen.

Dan veranderen ze als bij toverslag van hitsige pubers in nette koorknapen. Er komt een groepje Japanners omhoog uit de metro-uitgang. Met een extreem zielige blik drukken ze de nietsvermoedende toeristen een klapper met een A4'tje onder de neus. Ze maken met een gebaar duidelijk dat 'elke gift welkom is'. Een arme Japanner trekt zijn portemonnee. Maar er moet eerst iets getekend worden. Daarna volgt een gulle gift.

De Japanners hebben te maken met de collectanten voor de Franse dovenstichting. Maar het zijn geen collectanten, het zijn weer oplichters. En als je niet oppast grissen ze zomaar je hele portemonnee mee.

Ook deze categorie oplichters in Parijs kun je leuk stangen. Wij hebben er een hele middag plezier aan beleefd. De hitsige jochies bij de Pont Neuf zijn te makkelijk. Leuker is het om de groepen bij de Eiffeltoren of rond de taxistandplaats voor Gare du Nord uit te dagen. Sommigen, en dat zijn meestal vrouwen en meisjes van een jaar of achttien, hebben hun act vervolmaakt door net te doen of ze zelf ook doof zijn. Dus dove collectanten die geld ophalen voor de dovenstichting. Briljant gevonden natuurlijk. De dames hebben zelfs een soort gebarentaal ontwikkeld, zodat de zich ongemakkelijk voelende toerist met horten en stoten duidelijk gemaakt kan worden dat geld geven een goede en noodzakelijke kwestie is.

Hun trucje behelst ook een formulier dat de toerist eerst dient in te vullen. Een oplichtster heeft het me stiekem uitgelegd terwijl haar trawanten even niet opletten. Ze halen het document gewoon van internet, van de site van de echte dovenstichting en printen dat dan in grote aantallen uit. Er is een ruimte beschikbaar op het formulier waar je naam, te geven bedrag en handtekening kwijt kunt.

Als je er eentje in Parijs onder je neus gedrukt krijgt, blijk je nooit de eerste te zijn. Vele gulle gevers gingen je voor. Er is altijd al een rijtje van een stuk of tien namen met daarachter een bedrag van tussen de tien en vijftig euro ingevuld, met steeds een handtekening. Als je even goed naar de namen kijkt, zie je dat ze allemaal in hetzelfde handschrift zijn. De collectanten hebben het natuurlijk zelf ingevuld.

Op het moment dat jij dan een bedrag invult en je er een handtekening achter zet, is dat voor de oplichter een reden om het geld nog dwingender op te eisen.

Het stangen van deze nepcollectanten gaat aldus: als je wordt benaderd, en dat word je onherroepelijk op bovengenoemde locaties, dien je uiterst geïnteresseerd het formulier te bestuderen. Liefst met een blik die mededogen uitstraalt. Je doet net of je de gebarentaal maar matig begrijpt en laat ze een poosje aanmodderen. Dan, als het echt zielig begint te worden, vul je een leuk bedrag in op het formulier. Laten we zeggen vijfenzeventig euro. Je zet keurig een handtekening en met een vriendelijke knik bedank je zonder betalen voor hun aandacht.

Achter je rug blijkt opeens dat de dames niet doof zijn. En zeker niet doofstom. Alle Franse scheldwoorden en verwensingen worden nu over je uitgestort. Op dit moment ben jij natuurlijk doof en loopt stoïcijns weg. Lollig om eens te proberen.

De gemeente Parijs telt 2,25 miljoen inwoners. Met alle buitenwijken erbij zijn het er 11 miljoen.

Hotspots voor oplichters

Eiffeltoren
Balletje-balletje, nepcollectanten.

Gare du Nord, Gare d'Austerlitz en Gare de Lyon
Oplichters bij metrokaartautomaten.

Sacré Coeur
Balletje-balletje, armbandverkopers.

Omgeving van het Louvre
Ringentruc, nepcollectanten, balletje-balletje.

Boulevard St Germain
Waarzegsters die je afleiden en geld uit je portemonnee pikken.

Metro in het hele centrum
Zakkenrollers.

Griekenland

Athene, de bijbedoelingen van een taxichauffeur

Omdat we er toch zijn, doen we op elk vliegveld waar we arriveren, voor de heb, de taxitest. Makkelijk uit te voeren en altijd prettig om alvast een itempje in de pocket te hebben. 'Voor de heb' is trouwens een echte televisieterm besef ik nu. Als regisseur zeg je vaak tegen je cameraman dat je nog één extra shot wil. Voor de heb. Zodat je in de montageset als je alles aan elkaar zit te plakken, niet misgrijpt.

De taxitest is ook voor de heb. Voor als ik zo meteen in die montageset verlegen zit om een onderwerp. Onze taxitest werkt volgens een vast ritueel: in de aankomsthal op elke luchthaven waar we arriveren, doen we onze koffers open en halen daar onze verborgen cameratassen uit. Die installeren we (nogal gênant zo tussen alle toeristen die net hun bagage van de band hebben gehaald) ter plekke.

Dit installeren betekent dat er een geheugenkaartje van minstens zestien Gb in moet, dat er een batterij moet worden aangekoppeld en dat de geheugenkaart een reset moet krijgen. Dit doe je door een balpen in een gaatje aan de bovenkant van de flash-recorder te prikken, net zolang totdat het rode lampje groen gaat knipperen. Het is maar dat u dit weet.

Op vliegvelden van landen waar men minder vriendelijk is jegens nieuwsgierige journalisten, verrichten we deze handelingen buiten de aankomsthal en in de luwte van de bewakingscamera's. Ze zouden eens denken dat je een bom prepareert, want zo ziet het er wel uit.

Klaar voor de test

Athene dus. We zijn gearriveerd en verrichten ons ritueeltje. Lampjes knipperen groen. Klaar voor de taxitest. Marijke wandelt in haar eentje zo bleu mogelijk de aankomsthal uit en stapt zonder een prijs te vragen in de eerste de beste taxi. Ze noemt tegen de chauffeur alleen droog de naam van ons hotel en gaat vervolgens druk op haar telefoon kijken. Joep filmt onopvallend haar vertrek van een afstandje en daarna stappen ook wij in een taxi, weer zonder van tevoren een prijs te vragen en met slechts de vermelding van ons hotel.

Onze chauffeur in Athene heet Mike en hij heeft in Canada gewoond. Mike spreekt dus erg goed Engels. Voor een correct uitgevoerde taxitest is het raadzaam om niet te veel te socializen met de chauffeur. Dat maakt de kans op oplichting groter, hebben we geleerd. Want als je het te gezellig krijgt, vermindert dat de kans dat-ie je bij aankomst een poot uitdraait.

Maar met Mike lukt dat maar slecht. Het is een aardige vent en hij lijkt niet van plan om ons te belazeren. Er geldt in Athene een vast tarief van het vliegveld naar het stadscentrum van 38 euro. Mike heeft dit uit zichzelf al genoemd.

Geen man overboord natuurlijk. Want de taxitest werkt juist het beste als slechts een van ons wordt opgelicht terwijl de ander het normale tarief betaalt. Je komt immers ongeveer tegelijk aan bij het hotel. We hebben al wel meegemaakt dat de een vijfmaal de prijs van de ander vroeg voor dezelfde rit. En omdát je vrijwel samen arriveert, kun je mooi een relletje schoppen door te spelen dat je bij aankomst ontdekt dat een kennis (Marijke dus) toevallig net dezelfde rit heeft gemaakt en dat het prijsverschil belachelijk is. Chauffeurs onderling kunnen hier ook aardig mot door krijgen. Ultiem natuurlijk om in één klap aan de kijker duidelijk te maken hoe je wordt beduveld.

Onheilspellende boodschap

Afijn. Wij zitten bij 'betrouwbare Mike' in de taxi als na een minuut of tien Marijke een app stuurt. Een bericht met onheilspellende boodschap. 'Mijn chauffeur wil me meenemen naar een hoog gebouw waar hij me Athene kan laten zien.'

Snel overleg ik met cameraman Marco op de achterbank. Dit ziet er niet goed uit. Wel goed eigenlijk, programmatechnisch gezien dan. Natuurlijk heeft Marijkes chauffeur bijbedoelingen. Ik besluit een klein beetje open kaart te spelen met Mike en vertel hem dat ik net een bericht krijg van een kennis die 'toevallig' ook is gearriveerd en die nu op sleeptouw wordt genomen door haar chauffeur. Of hij weet wat hier gaande kan zijn.

Mike kijkt een beetje verrast en zegt dat het wellicht een truc is om de meter extreem te laten oplopen. Immers, als je met een klant buiten de taxi een extra activiteit verricht, en je laat de meter gewoon draaien, dan kun je na een uurtje flink extra cashen.

Ik app Marijke terug dat ze maar moet meegaan en dat ze haar locatie moet delen. Dat is reuze handig van deze tijd. Je kunt dan live meekijken in welke straat iemand zich bevindt. Kost wel Mb's in het buitenland, maar daar heb je ook wel wat voor.

Tot nu toe is Mike gewoon de taxichauffeur die ons van het vliegveld naar ons hotel in de stad aan het brengen is. Ik kijk hem scheef aan. Wat zal ik doen? Nu al een lokaal iemand in vertrouwen nemen brengt enorme risico's met zich mee. Het is natuurlijk een redelijk sensationeel verhaal voor een doorsnee taxichauffeur. Dat je opeens deel uitmaakt van een televisieprogramma dat met verborgen camera's je collega-taxichauffeur probeert te ontmaskeren. De kans dat hij meewerkt is gering en de kans dat hij over de portofoon gaat kleppen is heel erg groot. En we willen natuurlijk niet dat onze bedoelingen nu al overal in Athene gaan rondzingen.

Maar aan de andere kant is daar die arme Marijke die misschien wel in een spectaculaire val wordt gelokt. En om dat te kunnen volgen hebben we Mike juist nu eigenlijk hard nodig.

'Mike,' zeg ik aarzelend. Hij kijkt me een beetje ondeugend aan. Met een blik van 'jullie voeren iets in jullie schild, en nu ga je me dat verklappen'. Het is een schrander kereltje die Mike. 'We zijn geen toeristen, maar we werken bij de Nederlandse televisie. Heb je zin om een beetje James Bond te spelen?'

Afpersrestaurant

Mike blijkt een schot in de roos te zijn. Er verschijnt een brede glimlach op zijn gezicht. Hij vindt het prachtig en stort zich vol overgave in het avontuur. Even later zitten Marco en ik zodoende met onze kersverse vriend Mike op de iPhone te kijken waar Marijke naartoe wordt gelokt. Haar taxi stopt een kilometer van ons hotel. Marijke belt: 'Kees,' zegt ze gehaast, 'ik ben even naar de wc gegaan om je te kunnen bellen. Ik heb geen idee waar we zitten, maar hij wil met me uit eten. Wat zal ik doen?'

Ik leg Marijke snel uit dat we op de telefoon zien waar ze is en dat we binnen vijf minuten daar kunnen zijn. Ook stel ik haar gerust met het nieuws dat we onze chauffeur in vertrouwen hebben genomen en dat hij ons helpt. 'Ga maar met hem eten, wij zijn er zo,' besluit ik.

Het is een vreemde situatie. Wat wil die man van Marijke? Volgens Mike kan het bijna niet anders dan dat hij zo meteen met een extreme rekening komt voor de taximeter die gedurende het hele diner heeft gelopen. Bovendien – zo schatten we in – zal er wel iets zijn met het restaurant waar ze gaan eten. Niet valt uit te sluiten dat het restaurant samenwerkt met de chauffeur die nu een weerloos meiske uit het verre Holland moederziel alleen, maar met een volle creditcard, op een presenteerblaadje naar binnen heeft gebracht. Je leest wel vaker verhalen over afpersrestaurants. Vooral in Azië gebeurt dit veel.

We rijden in de buurt. Onze blikken schieten continu heen en weer van het telefoonscherm naar de omgeving waar we rijden. Volgens de navigatie-app moet Marijke zich binnen een straal van vijftig meter bevinden. Dan zie ik als eerste de taxi staan. Mike parkeert en Marco en ik gaan te voet verder. Gek eigenlijk dat je zo snel iemand je volste vertrouwen durft te geven. Mike kennen we nog maar amper en toch laten we hem alleen met al onze bagage. Je moet soms op je gevoel afgaan en risico's nemen, anders mis je veel. Mike belooft plechtig te zullen wachten.

Marco en ik dalen een hellinkje af met een bocht. Daar is een restaurantje. En ja hoor. Op het terras zitten Marijke en haar chauffeur. Het eten wordt net geserveerd. Dit is geen toeristengebied, maar eerder zomaar een straat in een woonwijk achter het Omoniaplein, met een enkel verscholen restaurant. Er zijn verder geen klanten en Marco en ik gaan twee tafels verder zitten. Marijke glimlacht kort en onopvallend in onze richting.

Slick Willy

Terwijl wij een drankje nemen en Marijke stiekem filmen, piekeren Marco en ik ons suf over wat de bedoelingen kunnen zijn van de chauffeur. Het is het type Slick Willy. Beetje een oudere, hitsige Italiaan om te zien. Hij voert grootste en meeslepende gesprekken met Marijke. Veel armgebaren, maar wat er gezegd wordt is onduidelijk. Ze eten een soort Griekse tapas. Er staan drie schaaltjes met hapjes en de twee drinken cola. Na een halfuur vraagt de chauffeur van Marijke de rekening. Nu moet het gebeuren.

Maar als de rekening komt, betaalt de *smooth operator* gewoon zelf. Hij gebaart Marijke mee terug naar zijn taxi. Snel reken ik onze drankjes af. We springen bij Mike in de auto en zetten de achtervolging in. Marijke zal wel naar een vuige achterbuurt worden gebracht. Gelukkig rijdt Mike goed en volgt hij op de juiste afstand... tot onze verrassing rechtstreeks naar het hotel.

We zien hoe Marijke wordt afgezet, haar chauffeur hoffelijk haar koffers uitlaadt en haar een hand geeft ten afscheid. Huh? Dit hadden we niet verwacht. Marijke komt met een brede glimlach op ons af. 'Hij wilde me gewoon versieren. Hij zei dat hij me wilde beschermen tegen oplichters en hij weigerde zelfs een fooi voor de rit. Hij heeft ook m'n hele lunch betaald.'

Mike lacht zich rot. En wij ook. Maar toch ook wel een beetje als een boer met kiespijn. Want in ons vak hoop je natuurlijk op een oplichter. En als dat een aardige charmeur blijkt te zijn, is het toch een beetje zonde van de tijd.

Gelukkig gebeurde dit op onze eerste dag en kwam het later die week snel goed in Athene. Dit dankzij heel andere charmeurs. In tegenstelling tot aalgladde taxichauffeurs zijn de ware oplichters in Athene de mensen van wie je dat juist het minst verwacht. Oude opaatjes met een stok die heel schattig een babbeltje met je aanknopen rond het Syntagmaplein (zie Hotspots op de volgende pagina).

In Athene wonen tussen de vier en vijf miljoen mensen. Voor toeristen is vooral de wijk Plaka aantrekkelijk. Daar bevinden zich op loopafstand van elkaar de meeste bekende bezienswaardigheden van de stad. Buiten Plaka is veel te merken van de crisis: lege winkelpanden, vervallen kantoorflats, lelijke graffiti en troep op straat.

Hotspots voor oplichters

Op en rond het Syntagmaplein en bij de Tempel van Zeus

Aandoenlijke bejaarde mannetjes, soms leunend op een stok, spreken alleenreizende mannelijke toeristen aan en lokken die met een smoes naar een bar.

In de bar zit een aantrekkelijke dame die op slag verliefd wordt op de nieuweling. De oude opa die je naar binnen bracht, is opeens nergens meer te bekennen. De dame vraagt of ze iets van je mag drinken en als je 'oké' zegt, begint ze als een raket champagne te hijsen. Het ene na het andere glas klokt ze zo in haar keelgat.

Als je de rekening vraagt, blijkt de champagne veertig tot zestig euro per glas te kosten. In werkelijkheid betaal je voor limonade, want dat is wat de dame echt drinkt.

Op de Acropolis

Taxichauffeurs die zich bijna zonder uitzondering presenteren als stadsgids en hun meter op nachttarief hebben staan. Je betaalt het dubbele bedrag.

Overal in Plaka

Bars die illegaal gestookte alcohol schenken.

De metro

Zakkenrollers.

Monastiraki

Leden van een Jamaicaanse band die ongevraagd een touwtjesarmbandje in de kleuren van de Jamaicaanse vlag om je pols binden en dan vragen om een 'vrijwillige' bijdrage voor hun reggaeconcert die avond. Ze roepen dingen als: 'love, peace and happiness'. Het zijn in werkelijkheid Nigerianen, en ze treden helemaal niet op.

Turkije

Istanbul, de stad waar je te gemakkelijk vrienden maakt

Dit is de eerste keer dat ik in Istanbul ben. Ik ben meteen verliefd. Wat een mooie, indrukwekkende, afwisselende stad. En wat zijn die Turken toch leuk. Hier ga ik zeker terugkomen!

Op de een of andere manier voel je het meteen, als een stad 'het' heeft. De steegjes en straatjes bij de Hagia (of Aya) Sophia en de Blauwe Moskee, waar leuke barretjes en terrasjes onder platanen opeens aan Parijs doen denken. Dan de enorme drukte van de Istiklalstraat, waar met het klingelende trammetje altijd in de buurt de proppers, de parfumverkopers en de kastanjepoffers om de aandacht van de passerende reiziger schreeuwen. Heerlijk. Zelfs de protserige Grand Bazaar, die toch voornamelijk voor toeristen lijkt te zijn gebouwd, kan me bekoren.

Het is hier fijn. Maar zou je er ook worden opgelicht?

Ja! En snoeihard ook.

We hebben op het internet angstwekkende verhalen gelezen van alleenreizende, mannelijke toeristen die 's avonds in de buurt van het Taximplein in een gevaarlijke en kostbare val werden gelokt. En nu wil ik dat mij hetzelfde overkomt. Ik lijk wel gek. Zo zie ik het ook echt als we op pad gaan. En net als vaker vlak voor het begint, vraag ik me af: Waarom doe ik dit in vredesnaam?

Ons hotel ligt strategisch achter het Taximplein dat de laatste jaren vooral bekendheid geniet als demonstratieplek tegen het regime van Erdogan. In de hotelkamer treffen we de laatste voorbereidingen. Voor een oplichtingstruc als deze ben ik oprecht nerveus. Zou het lukken? Wil ik eigenlijk wel dat het lukt? Of hoop ik heel stiekem dat ik er vanavond niet door de oplichters word uitgepikt? Hoe kom ik weg als ik te grazen word genomen? De vragen spoken door mijn hoofd.

Extra verborgen camera

Als extra safety heb ik een tweede verborgen camera bij me. Eentje in mijn tas, zoals altijd, en eentje onder mijn blouse, met een lensje in een knoopsgat. Het is een onding. De flashrecorder, de opname-eenheid van het geval, zit op mijn rug. Het geheel wordt bij elkaar gehouden met een rekband om mijn middel. Het rottige van deze apparatuur is dat die na een poosje heel erg heet wordt. Bovendien zit je met snoeren onder je blouse die – als iemand je bijvoorbeeld vriendschappelijk aanraakt – goed voelbaar zijn. En ten slotte verschuift het lensje door de vorm van de menselijke romp, ook nogal makkelijk schuin omhoog. Waardoor je ongemerkt nogal eens de lucht zit te filmen.

Ik heb weleens meegemaakt, in de tijd van Peter R. de Vries, dat we een heel uur met een stel onderwereldtypes zaten te praten en dat ik alleen deze knoopcamera bij me had. Bij terugkomst bleek dat alleen het plafond van de ruimte waar we de 'onthullende gesprekken' voerden in beeld was.

Toch gaat de knoopcamera nu weer mee. We willen niet dat dit mislukt. Want de kans is vanavond aanwezig dat Marco en Marijke me kwijtraken en me dus niet kunnen filmen, en ik ben zelf niet altijd in de gelegenheid mijn tascamera goed te positioneren zonder dat het te veel opvalt.

Mijn verborgen camera's worden aan een derde en laatste controle onderworpen en collega Marijke en cameraman Marco voeren een laatste check uit bij hun eigen apparatuur.

Marijke draagt ook een verborgen camera in een tas en Marco

beschikt over een doorsnee consumentencameraatje. Daarmee kan hij makkelijk draaiend over straat lopen zonder dat het in de gaten loopt. Ook kan hij net doen of hij als verliefde toerist Marijke aan het filmen is, terwijl Marijke 'toevallig' precies zo gaat staan dat ik achter haar in de verte in beeld ben. Marco schiet dan ver ingezoomd langs Marijke heen en niemand heeft door dat niet Marijke maar ik en de oplichter die mij besodemietert, worden opgenomen.

Zodra we de draaideur van ons hotel uit lopen, zullen zij weer mijn schaduwen worden. Marco en Marijke, het toeristische stelletje dat per ongeluk steeds in mijn buurt rondhangt. Ik, de zeer argeloze, alleenreizende toerist, met het stadsgidsje opvallend in mijn hand.

Ik voel een lichte huivering langs mijn rug als het Taximplein zich voor me ontvouwt. Er is een verbouwing gaande en rechts is een provisorisch schot neergezet dat het plein kleiner maakt. Het is een vrijdagavond in maart en in het halfduister ga ik op een bankje zitten aan de rand van het cirkelvormige grasveld. In het midden van het plein staat het monument met daarop onder meer de figuur van de vader aller Turken, Ataturk. Wie anders!

Een klein meisje in een rood jurkje gooit voer naar de duiven. Ze probeert zo schattig mogelijk toeristen over te halen een handje maiskorrels van haar te kopen. Het kind is amper zes jaar oud. Even verderop staan enkele vrouwen haar scherp in de gaten te houden. Kinderarbeid. Het zijn waarschijnlijk haar moeder en wat tantes die het arme meisje dwingen om op het gemoed van de toerist te spelen.

Ook wel een onderwerp voor het programma, bedenk ik me terwijl het rode trammetje vanuit de remise naast het Taximplein met het gepiep en gesnerp van staal op staal de scherpe bocht neemt naar Istiklalstraat, de Kalverstraat van Istanbul, die op deze plek begint.

Ik kijk het trammetje na dat langzaam verdwijnt tussen de

duizenden wandelaars. Er komt niemand naast me zitten. Er gebeurt niets verdachts. Ik sta op en loop het trammetje achterna.

Goede dekmantel

Istiklalstraat glooit zachtjes naar beneden. In mijn rug voel ik dat mijn geheime metgezellen me volgen. Ik word bewaakt door Marco en Marijke. Het geeft me een iets veiliger gevoel.

Het is niet warm en dat is eigenlijk wel prettig. Ik draag nu noodgedwongen een jas en die vormt letterlijk een goede dekmantel voor mijn extra verborgen apparatuur. Aan de voorkant heb ik hem losjes halfopen geritst om het oog van de geheime camera in mijn blouse niet te bedekken. Op mijn rug wordt de batterij langzaam warmer.

Na misschien vijftig meter spreekt een jongen achter een handkar met gepofte kastanjes me in het Nederlands aan. Ik schrik. Maar er is niks aan de hand. Kennelijk heb ik een Nederlands hoofd. Hij vertelt dat hij in Groningen gewoond heeft en vindt het leuk om een babbeltje te maken. Hij gokte erop dat ik Hollander ben.

Marco en Marijke denken echter dat ik beet heb en staan ons te filmen. Maar niet onopvallend genoeg, want de verkoper heeft het al snel door. Hij reageert geïrriteerd en vraagt of ik weet waarom 'die gasten daar' ons aan het opnemen zijn. Ai! Een goede les. Het moet dus voorzichtiger als zo meteen het echte werk begint. Ik red de boel door te zeggen dat ik ze ken uit mijn hotel en dat zij dit kennelijk een leuk Turks tafereeltje vinden. Maar toch is dit jammer. Er is nu iemand in Istiklalstraat die weet dat Marco en Marijke en ik elkaar kennen.

Ik loop verder.

Een vriendelijke meneer

Na een minuut of tien wandelt er opeens een vriendelijke meneer naast me. Hij kijkt me even aan en zegt iets in het Turks. In het Engels verontschuldig ik me. 'Ah, u bent niet van hier,' concludeert hij, ook in het Engels, met een stem alsof hij het leuk vindt een buitenlander te ontmoeten. 'Weet u misschien hoe laat het is?' Ik kijk op mijn telefoon (ik ben geen horlogedrager) en geef hem de tijd. Met een korte knik loopt hij snel door.

Ik kijk even kort achterom en mijn ogen ontmoeten die van Marijke. We kennen elkaar goed. En tegelijkertijd zeggen onze blikken. 'Dat was niks.'

Maar nog geen minuut later is daar weer diezelfde man. Hij staat in een portiekje als ik hem passeer. 'Meneer,' zegt hij. 'Ik vergat u net te bedanken voor het feit dat u me de tijd gaf.' Wat een overdreven beleefdheid! Maar op het moment dat ik dit bedenk, realiseer ik me meteen dat ik waarschijnlijk toch beet heb. Ik hoop dat Marijke en Marco tot dezelfde conclusie komen en onopvallend hun camera's starten.

'Is prima hoor,' zeg ik zo neutraal mogelijk in het voorbijgaan en blader ondertussen wat in mijn stadsgidsje. Dan maakt hij zich los uit het duister van het nisje en komt naast me lopen. 'Waar komt u eigenlijk vandaan?' Ik doe net alsof ik nog verzonken ben in het gidsje en antwoord dat ik Nederlander ben. 'Is dit uw eerste keer in Istanbul?' Dat schiet op. Nog drie specifieke vragen die alle oplichters stellen voor ze toeslaan en ik weet zeker dat ik 'in business' ben. 'Ja, dit is mijn eerste keer. Leuke stad,' antwoord ik terwijl ik probeer te verbergen dat ik hem door begin te krijgen.

Hij weer: 'Ja vind ik ook. Ik ben hier op zakenreis. Ik ben manager bij de Zara. Reist u alleen?' Nog twee vragen van hem en ik weet het zeker. Ik geef hem het favoriete antwoord voor oplichters. 'Ja, ik reis alleen. Ik doe een stedentripje om even aan mijn drukke zakelijke leven te ontsnappen. Mijn bedrijf loopt als een trein, maar soms moet je even uitblazen. Mijn gezin zit in Nederland.' Zo! Nu weet hij dat ik moederziel alleen ben en ook nog centen heb.

Ik kijk niet, maar ik voel dat hij heel gek op me aan het worden is. Dan komen de vragen die mijn laatste stukje twijfel wegnemen. 'Wanneer bent u hier gearriveerd en hoelang blijft u nog?' Bingo. Ik heb zeker beet. Alle vier kernvragen die alle oplichters aan hun potentiële slachtoffers stellen zijn gesteld. Zo schuift deze aardige man voorzichtig de thermometer bij me naar binnen.

Twijfel

Maar deze man in Istiklalstraat heeft niet een specifiek oplichtershoofd, moet ik vaststellen. Vooral cameraman Marco is goed in het herkennen van 'mannetjes', zoals hij ze altijd noemt. Overal in de wereld zie je ze rondhangen op toeristische hotspots. 'Mannetjes' die blijkbaar zonder doel een beetje staan te staan en zo onopvallend mogelijk de meute reizigers in de gaten houden.

We hebben er inmiddels een zesde zintuig voor ontwikkeld. Zet ons in een willekeurige stad bij een willekeurig druk plein neer en binnen een halfuur hebben we de 'mannetjes' eruit gepikt. Ze ogen shabby, loeren, lopen wat doelloos rond, roken een sigaretje en stappen dan opeens zomaar uit het niets op een toerist af.

De man die nu in Istanbul met me meewandelt valt niet in deze specifieke categorie. Hij babbelt honderduit. Hij vertelt dat hij oorspronkelijk uit Ankara komt, maar dat hij voor zijn werkgever momenteel is gestationeerd in de Golfstaat Qatar. Hij is nu hier in Istanbul voor zaken. Morgen vliegt hij weer terug.

'Heb je zin om een biertje met me te drinken. Dan zal ik je mijn vrouw en kinderen laten zien. Ik heb hun foto's bij me,' zegt hij met een trots gezicht terwijl hij op een iPad tikt die hij uit zijn jaszak tovert. 'Tuurlijk,' zeg ik. Ik twijfel nog over zijn bedoelingen. Aan de ene kant klopt dit met hoe deze oplichtingstruc begint. Maar aan de andere kant heeft deze man zo'n vriendelijk en open gezicht dat ik me het maar moeilijk kan voorstellen dat hij me zo meteen keihard gaat belazeren. En dan die vrouw en kinderen over wie hij me zo graag wil vertellen... Zou dit niet toch gewoon een aardige Turk zijn die het echt leuk vindt om met een vreemdeling wat te drinken? Ik ga met hem mee. Marijke en Marco volgen.

We lopen nu weer terug naar het Taximplein. Maar dat is nog een paar honderd meter. Hij gaat me voor en slaat links af een zijstraat in. Er klinkt Turkse livemuziek. Op straat staat een groep traditionele Turkse mannen en vrouwen in een cirkel. Een reidans en een paar toeristen mogen meedoen. Er wordt gelachen om de houterigheid van de toeristen die hun best doen om zo Turks mogelijk te bewegen.

Mee de kroeg in

Mijn nieuwe vriend en ik blijven even staan en dan loopt hij weer door. Hij wenkt me een kroeg annex restaurantje in. Ook daar is livemuziek. Met een beetje een overdreven blije blik – alsof-ie verliefd op me aan het worden is – gebaart hij naar een leeg tafeltje. We gaan zitten.

Marco en Marijke vallen totaal niet op als ze een minuut later ook binnenkomen. Er zitten meer toeristen. Het is een klein, gezellig barretje en mijn twee geheime kompanen pakken een tafeltje precies achter ons. Mooi, ze hebben me dus goed in beeld. Maar ook niet zo mooi. Want de muziek is keihard. Ik weet nu al zeker dat van een eventueel gesprek met de man vrijwel niets verstaanbaars zal worden opgenomen.

Hij staat op en maakt met een uitnodigende blik een drinkbeweging met zijn rechterhand voor zijn mond. Of ik een biertje van hem wil dus. Dit kan geen foute boel zijn, zou je zeggen. Want een oplichter gaat natuurlijk niet zelf drank halen en betalen. Maar toch is niets minder waar. Dit is de volgorde uit het boekje. Door deze geste van hem, ben ik juist weer een stuk zekerder dat ik in een val gelokt word. Het biertje is op zijn kosten. Het is bedoeld om vertrouwen te winnen. Maar daarna zal het misgaan. En goed ook.

Met twee grote pullen Efes-bier komt hij na een paar minuten weer terug. Ik nam vlug de kans om mijn duim achter m'n rug op te steken, zodat Marco en Marijke weten dat dit hem waarschijnlijk gaat worden.

Mijn gabber schuift zijn stoel vanwege de herrie helemaal tegen de mijne en pakt zijn iPad. Dan begint hij door een eindeloze rij foto's van kinderen, ooms, tantes, en opa's en oma's te bladeren. Met veel trots laat hij me zijn uitgebreide familie in Ankara zien. Als laatste zijn vrouw. Een half gesluierde schone van een jaar of dertig. Iets jonger dan hijzelf, schat ik.

Wodka

Ons biertje is op. Dan schreeuwt hij net verstaanbaar boven de liveband naar me. 'Zoals ik je vertelde vlieg ik morgen terug naar Qatar. Nu heb ik bij de frontdesk van mijn hotel gehoord dat je hier ergens in de buurt een heel leuke bar hebt. Het is een soort club op de bovenste verdieping waar je een prachtig uitzicht hebt over Istiklalstraat en een stuk van de stad. Zullen we daar nog een drankje doen? Ik lust wel een wodka!'

Ik doe alsof ik het een topidee vind en sta (met knikkende knieën) op. Achter mijn vriend aan. Naar de bar die hij niet kent, maar waarvan hij toevallig heeft gehoord.

Ammehoela!

Het is in werkelijkheid de bar waarvoor hij fulltime in dienst is. En waarvoor hij fulltime klanten naar binnen lokt. Het biertje van net was een kleine investering die deze oplichters altijd doen om hun prooi goedgelovig te maken. Want eenmaal binnen in de club is het kassa voor deze man en zijn handlangers. Zo werkt dat in Istanbul.

Ik zal gedurende de drie dagen die volgen, elke keer binnen een kwartier (!) alleenwandelend over Istiklalstraat, nog viermaal worden meegelokt. Steevast begint het met een smoesje op straat en dan het gratis biertje in een willekeurige kroeg om vriendschap te sluiten en vertrouwen te winnen. Daarna kun je bijna geen 'nee' zeggen op een tweede drankje ergens anders. En dat 'ergens anders' valt het beste te vergelijken met een rovershol.

De man met de iPad loopt nu weer Istiklalstraat op. Verder terug richting het Taximplein. Bijna aan het einde slaat hij linksaf, Bekarstraat in. Hij kijkt even naar boven en veinst dan dat hij vermoedt dat het 'hier ergens' moet zijn. Ik kijk heel even achterom. Of mijn hoeders in de nacht me volgen. Ik zie Marijke en Marco niet. Shit! Zouden ze ons in de drukte zijn kwijtgeraakt? Expres draal ik wat, voordat ik weer met de man meeloop, in de hoop dat ik de vertrouwde hoofden van mijn collega's zo om de hoek zie verschijnen. Maar het gebeurt niet. Ik slik mijn huivering weg en loop weer met hem mee.

Hij gaat naar een deur onder aan het pand waar hij net nog met een onzeker gezicht naar boven stond te kijken. Er staan drie portiers. Het is een soort club. De mannen zeggen iets in het Turks tegen hem. Mijn vriend voelt waarschijnlijk aan zijn water dat dit tegenover mij verdacht overkomt en negeert ze. We lopen naar binnen. De portiers zijn van het type Stierennek, niet te beroerd om een potje te matten. En ze lopen achter ons aan.

We komen bij een lift waar mijn vriend op de knop drukt. Dat doet-ie met net iets te veel routine.

Alleen een lift

'Is er geen trap?' vraag ik, terwijl ik me realiseer dat het nu net lijkt alsof ik claustrofobisch ben. Maar ik vraag het vanuit een andere impuls. Omdat ik opeens voor me zie hoe ik hier zonder trappenhuis lastig wegkom. 'Nee, alleen een lift,' zegt mijn vriend kortaf, die op zijn beurt weer zichtbaar beseft dat hij te snel te veel weet van deze club voor iemand die hier nog nooit is geweest. Een beetje slungelig haalt hij zijn schouders op. Alsof hij op de gok maar wat zei. Maar hij verraadt zichzelf nu stukje bij beetje.

De lift gaat open. Er stapt ook een Stierennek uit. Hij groet mijn vriend. Twee andere uitsmijters van net staan nu vlak achter me. Door de krapte van het halletje voel ik een arm tegen mijn rug. De mannen gaan mee. Met z'n vieren gaan we omhoog. Onderweg is er weer gepraat. Deze keer zegt mijn vriend wel iets terug. De buit kan nu toch niet meer weg, het maakt niets meer uit, zal hij wel denken.

Het gesprekje tussen de uitsmijters en mijn vriend die hier zogenaamd nooit eerder is geweest is opgenomen met mijn verborgen camera. Later in Nederland hebben we het laten vertalen. Er werd gesproken over het de strot afsnijden van ene Ali die niet naar De Grote Baas had geluisterd. Maar goed dat ik dat toen niet kon verstaan.

Op de vijfde etage gaat de lift weer open. In de verte klinkt het monotone gedreun van dancemuziek. We lopen door een gang met spiegelwanden en belanden in een soort garderobe met verderop een balie en aan het einde de toiletten. Of ik mijn jas wil ophangen. Geen denken aan! schiet er door mijn hoofd. Ik ben immers volgehangen met verborgen apparatuur. Daaraan word ik trouwens steeds indringender herinnerd vanwege de inmiddels gloeiendhete batterij tegen mijn rugvel.

Dan gaat een deur naar de club open. Het gedreun is plotseling oorverdovend. Ook dat nog. Via een wenteltrapje komen we in een grote ruime met twee dansvloeren, een bar in het midden, pluchen zitjes langs de wanden en overal blacklights en stroboscopen. Er zijn hooguit tien gasten binnen. Zo te zien allemaal uitsmijters en hoeren. Ik slik mijn benauwdheid weg.

Mijn vriend kijkt me aan met gespeelde opwinding. Hij doet opgetogen alsof hij het hier nog veel cooler vindt dan dat het hem in zijn hotel was voorgespiegeld. Het liegbeest! Hij gebaart me dan mee te gaan naar een raam aan de achterkant. Inderdaad, daar kun je een stukje van Istanbul zien. Tsjoh...

Schaars geklede dame

Hij gaat zitten in een van de vele lege pluchen nisjes en gebaart mij dat ook te doen. Meteen wenkt hij een ober. Nog voor die er is, zitten er opeens twee schaars geklede dames tussen ons in. Ze stellen zich voor en vragen meteen of ze misschien een biertje van me mogen bestellen. Een kleintje. Mijn vriend kijkt me guitig aan. De blik van een man op zakenreis die ook al een poosje van huis is. Zo van 'what happens in Istanbul, stays in Istanbul'.

Ik wil worden opgelicht, dus ik zeg 'oké'.

Dan verschijnt de ober. 'Net had je een rondje van mij. Nu ben jij aan de beurt. Zullen we een wodkaatje doen?' vraagt mijn vriend nog steeds met een ondeugend gezicht. Ik bestel twee wodka en twee bier voor de dames. Een van de vrouwen begint dan aan mijn jas te plukken. Of die niet uit kan. Het is hier best warm. 'Kunnen we lekker tegen elkaar aan zitten,' zegt ze in het Duits.

Ik duw haar weg en bedenk dat dit niet te lang moet gaan

duren. Dan zie ik Marco en Marijke het wenteltrapje op komen. Ze hebben me gevonden. Gelukkig.

De ober komt eraan met op zijn dienblad twee kleine wijnglazen met bier erin, twee lege borrelglazen en een fles wodka. Hij geeft de dames hun minibiertje en schenkt voor mijn vriend en mij een wodka in. Als hij weer wegloopt, zie ik dat hij de fles wodka 'vergeten' is. Die staat nog op tafel.

We proosten en op het moment dat we ons wodkaatje simultaan achteroverslaan, zit de dame die Duits spreekt opeens met haar hand onder mijn jas. Op een centimeter afstand van mijn snoeren en zenders. In een reflex sta ik op en zeg dat ik naar de wc moet. Ik zie dat Marco ook opstaat en het wenteltrapje afdaalt. Een mooi moment om te overleggen.

Beneden staat Marco aan het einde van de gang – waar de garderobe en de balie zijn – op me te wachten. Hij gebaart kort en onopvallend met zijn ogen dat we niet hier moeten praten.

Ik moet hier weg

Even later staan we naast elkaar te plassen en fluistert Marco dat hij tien minuten eerder al een keer naar de wc was gegaan in de hoop dat ik hem zou volgen. Maar dat ik hem toen niet zag. Hij heeft ook gemerkt dat er verder geen toeristen zijn en dat hijzelf naar het toilet werd gevolgd door een uitsmijter. En inderdaad, een van de uitsmijters staat plotseling achter ons. Marco maakt zich zichtbaar zorgen. We moeten hier weg.

Ik loop terug naar het zitje boven en meld het gezelschap dat ik ga. Mijn vriend kijkt teleurgesteld, terwijl ik om de rekening vraag. Die komt binnen dertig seconden. In het geflits van de stroboscoop zie ik het bedrag, 1300 lira, ruim 420 euro. We zijn krap twintig minuten binnen.

Vol ongeloof richt ik me tot de ober. Dit ga ik niet betalen. Zijn ze helemaal gek geworden?! Mijn vriend ziet het en begeleidt me het wenteltrapje af naar de balie. Hier is het rustiger. 'Je moet betalen hoor. Dit is wat we hebben gedronken. Kijk maar,' hij wijst op het bonnetje met de minibiertjes van de dames en de fles wodka van ons. 'Ik heb twee wodka besteld, geen fles,' zegt ik boos. 'En dan nog zijn dit absurde prijzen!'

Dan staan daar opeens de brede mannen achter me. Hun blikken spreken boekdelen. Ik moet dokken, anders kom ik hier never nooit weg. Bovendien zullen ze – als ze handtastelijk worden – onherroepelijk mijn verborgen apparatuur vinden. En dan is het natuurlijk helemaal mis. Als deze lieden toch eens ontdekken dat ik ze nu stiekem aan het filmen ben... Ik moet er niet aan denken!

Wat ik niet weet is dat Marco en Marijke hun drankjes op datzelfde moment boven aan de bar aan het afrekenen zijn. Zij hoeven als 'gewone klanten' nog geen drie euro per drankje te betalen.

Ik moet betalen

Mijn vriend is opeens ook mijn vriend niet meer en schaart zich ongegeneerd in het kamp van de oplichters. Hij kijkt nu kwaad en zegt onomwonden dat ik moet betalen. Terwijl ik zie dat Marijke en Marco het trapje af komen en aan het andere eind van de gang hun jas pakken, trek ik mijn portemonnee. Ik betaal en loop gespeeld boos naar de lift. Gespeeld, want ons doel is natuurlijk om deze oplichterspraktijken te filmen. En dat is gelukt.

Bij de lift draai ik me om en roep naar de man die me hierheen lokte: 'Jij moet toch je vlucht naar Qatar halen? Ik wacht je beneden wel even op. Ik moet met je praten.' Hij lacht schaapachtig, de lach van iemand die weet dat hij zojuist door de mand is gevallen.

Samen met Marco en Marijke sta ik in de lift naar beneden. Naar de vrijheid. Ik leg ze uit dat het nog niet voorbij is en dat ik de man buiten opwacht. Zwijgend stappen we op de begane grond uit. Ik loop achter ze aan en blijf voor de hoofdingang van de club staan. Marco en Marijke lopen terug naar Istiklalstraat en wachten op de hoek met zicht op mij.

Binnen een minuut komt een van de medewerkers van de club naar me toe. Of ik wil weggaan. Ik kijk hem brutaal en strak aan. 'Waarom? Ik sta hier toch gewoon op straat?' Hij recht zijn rug en snuift: 'Opsodemieteren!' Nu laat ik me niet kennen. 'Waarom? Ik wacht op een vriend van me die binnen is. Roep hem maar, jullie weten precies wie ik bedoel.' De clubmedewerker had dit niet verwacht en draait zich om. Hij verdwijnt naar binnen.

Onnozele blik

Niet veel later verschijnt de man ten tonele die mij in deze val lokte. Hij heeft een zo onnozel mogelijke blik opgezet en kijkt me vragend aan. Ik loop naar hem toe, pak hem bij zijn mouw en trek hem gespeeld opgefokt mee naar Istiklalstraat, waar Marco en Marije ons kunnen zien en filmen. Hij speelt op zijn beurt dat hij het niet snapt en laat zich gedwee meenemen.

'Zeg me eerlijk. Jij werkt voor die club en jij hebt me naar binnen gelokt.' Probeer ik op de man af.

Hij antwoordt nog voor ik ben uitgepraat: 'In de naam van Allah, ik zweer het je. Het is niet zo.'

Ik kijk hem strak aan. 'Dat mag je niet doen. Dat is haram,' doelend op een kernbegrip uit de Koran waarmee al het slechte wordt aangeduid.

Zijn blik verstart. Hij zegt even niets. Dan verschijnt er een glimlach om zijn mond. Hij kijkt om zich heen en pakt mijn nek met zijn rechterhand. Hij buigt naar voren en kust me op mijn voorhoofd terwijl hij zachtjes fluistert. 'Kom hier nooit meer terug. Het is levensgevaarlijk.' Dan loopt hij terug naar de afpersclub.

Ik slaak een zucht, kijk veelzeggend naar mijn collega's die vijftien meter verderop toeristje staan te spelen en loop in een ruk terug naar ons hotel.

Dit is ook Turkije. In het centrum van het mooie Istanbul is deze vorm van oplichting, of liever gezegd afpersing en gijzeling, schering en inslag. Ik begrijp het ergens niet. Hoe een bar of club op zo'n manier kan blijven bestaan. Je hele naam is binnen een mum van tijd naar de haaien. Desondanks: als je als man alleen door de stad loopt en iemand neemt je zomaar mee voor een gratis biertje... Don't!

Istanbul is de grootste stad van Turkije en telt ruim 14 miljoen inwoners. Lokale munt is de Turkse lira. Er gaan er ongeveer 3 in een euro. Istanbul kent een Aziatisch deel en een Europees deel, gescheiden door de Bosporus. De meeste toeristen (en ik deze keer ook) bezoeken het Europese deel. Daar zijn de bekendste bezienswaardigheden te vinden.

Hotspots voor oplichters

Istiklalstraat

De beruchte cluboplichting.

Verkopers van nepparfum die zogenaamd via corrupte douaniers is binnengesmokkeld, maar in werkelijkheid een eindeloze verdunning van het origineel is.

Geldwisselaars die waardeloze oude lira's proberen te wisselen voor euro's. De nieuwe lira is in 2005 ingevoerd en verving de oude. Er gaan 1 miljoen oude lira's in een nieuwe.

Hotelgebied achter het Taximplein

Restaurants met obers die een gerecht aanbevelen dat wel op de kaart staat, maar waar als enige geen prijs achter staat. Bij het afrekenen blijkt het om het allerduurste gerecht te gaan.

Taximplein

De beruchte cluboplichting.

Kleine kinderen die onder dwang van hun familie duivenvoer moeten verkopen aan toeristen.

Grand Bazaar

Verkoop van nepzijden kleden en tapijten.

Plein tussen Hagia Sophia en Blauwe Moskee
Verkopers van veel te dure plattegronden van de stad.

Schoenpoetsers die aan toeristen tot wel tienmaal het normale tarief rekenen.

Vliegveld
Taxichauffeurs die omrijden om de meter te laten oplopen.

Boedapest

De hoofdstad van Hongarije telt 1,7 miljoen inwoners. Boedapest bestaat eigenlijk uit twee delen, Boeda en Pest, aan beide oevers van de Donau. In de achttiende eeuw werd de stad overigens Pest-Boeda genoemd. Lokale munt is de forint. 100 forint is ongeveer 30 eurocent.

Hotspots voor oplichters

Vaci Utca

Vrijwel alle toeristenoplichting vindt plaats op en rond deze Kalverstraat van Boedapest.

Geldwisselaars. Aan het begin, bij de grote overdekte markt, hangen veel Poolse en Russische 'foute' geldwisselaars rond. Fout, en dat zit zo: voor 100 euro krijg je bij de talloze wisselkantoortjes ongeveer 30.000 forint. Voor zo'n kantoortje staat nogal eens een vreemd mannetje. Dat fluistert je in het langslopen toe dat hij een veel betere koers heeft. Voor 100 euro krijg je van hem namelijk 35.000 forint. Mooi is dat. Je geeft hem je honderd euro en vervolgens telt hij heel vlot zijn biljetten voor je uit. Hupsakee, je hebt zomaar 35.000 forint in je hand.

Net als je je realiseert dat de biljetten wat bleekjes aandoen, tikt er een ander mannetje op je schouder. Of je hem kan vertellen waar het postkantoor is. Op dat moment is de wisselaar spoorloos verdwenen. Je kijkt nogmaals naar je geld en ziet dan cyrillische letters staan. Je bent belazerd. In plaats van forinten heb je Wit-Russische roebels in je handen. En 35.000 roebel is 1,70 euro waard. De wisselaar en de man die je afleidt werken samen.

Nepbedelaars. Een oud vrouwtje dat nog krommer loopt dan de heks uit Hans en Grietje, een dikke dame die amechtig op de stoep naast een zebrapad ligt te kreunen van ellende en een man in een rolstoel. Allen houden ze een bekertje voor aalmoezen in de bibberende hand. Ze vormen de cast van een doorlopende toneelvoorstelling op de Vaci Utca. Deze bedelaars zijn niet gehandicapt en ze werken voor een grote baas.

Ga voor de grap maar eens aan het einde van de dag op het terrasje bij de Burger King op de hoek Vaci Utca en het Fovamplein zitten. In het parkje ertegenover verzamelen de ernstig misvormde en gehandicapte bedelaars zich voor een wonderbaarlijke genezing. Een soort klein Lourdes.

In het struweel wacht een soort maffiabaasje. Alle sloebers zitten plotsklaps rechtop, roken een sigaretje en eten een snackje terwijl ze de buit van de dag tellen en hun deel aan de chef geven.

Telefoonverkopers. De nieuwste types iPhone en Samsung-smartphones worden om de honderd meter aan de man gebracht. Weer typische 'mannetjes' fluisteren je samenzweerderig toe dat ze een spiksplinternieuwe telefoon in de aanbieding hebben. Zo'n mannetje zegt er dan bij voorkeur bij dat hij het ding vorige week heeft gekocht, maar dat zijn zoon opeens ernstig ziek is geworden en hij nu acuut geld nodig heeft voor medicijnen.

Kletskoek. De telefoons zijn kopieën, ze werken maar half en ze worden onder de toonbank verhandeld op de Chinese Markt aan de rand van de stad. Niet kopen dus.

Bar-scams. Dames in koppeltjes van twee loeren op mannen die nieuw zijn in de stad. Vooral het Vorosmartyplein aan het einde van de Vaci Utca is hun jachtgebied.

Het werkt aldus: met een wat verdwaalde blik spreekt een aardige jonge vrouw je aan op straat. Ze is met een vriendin en ze zoeken een bepaalde bar, maar kunnen die niet vinden. Zelf heb je natuurlijk geen idee, maar dit is een slimmigheidje om pijlsnel te ontdekken of je nieuw bent in de stad.

Dan vertelt ze dat ze voor het eerst in Boedapest is en dat haar vriendin – die wat bedremmeld naast haar staat – vandaag jarig is. Op jouw spontane 'gefeliciteerd', krijg je meteen een dikke pakkerd. Het ijs is gebroken. Of je zin hebt om even mee te zoeken naar de bar waar ze van gehoord hebben? Waarom ook niet, denken velen.

Als je mee gaat 'zoeken' blijkt dat de meiden de bar zelf verrassend vlot hebben gevonden. Eenmaal binnen is het tijd om even een drankje te doen vanwege de verjaardag. Een bediende komt aan je tafeltje staan en tot je verbijstering bestellen de dames in één keer samen zes drankjes op jouw rekening. 'Dat is echt Hongaars gebruik,' verzekeren ze je in koor.

Meestal bestaat de bestelling uit een blikje Red Bull, een flesje bubbeltjeswijn en een Palinka, een soort shotje. Die vreemde combinatie dient een belangrijk doel.

Het blikje Red Bull wordt zonder dat je het weet leeg geserveerd. Dat is om onopvallend met een rietje de inhoud van het flesje wijn erin te kunnen leegspugen.

De dames mogen namelijk niet dronken worden. Ze doen dit de hele avond aan de lopende band en werken voor de bar waar je bent beland.

Het shotje is gewoon water, maar wordt achterover gekieperd als ware het 80% Strohrum, met geveinsde doodsverachting. Jouw drankje is natuurlijk wel echt.

De sport is uiteraard om zo veel mogelijk drankjes op jouw naam te bestellen. En dat lukt vaak heel aardig. Er valt immers wat te vieren en ze lijken ook wel een beetje verliefd op je te worden.

Als je dan na een halfuur verbijsterd naar een rekening van driehonderd euro zit te staren, komt de nogal gespierde uitbater erbij staan en begeleidt je naar een pinautomaat achter een gordijntje in de bar. Heel handig.

Boekarest

De Roemeense hoofdstad is na Boedapest in Hongarije nu ook sterk in opkomst als stedentripbestemming. En met recht. De stad is zeer aan te bevelen met haar mooie, schone en erg gezellige centrum, de wijk Lipscani.

De lokale munt is de leu. Er gaan bijna 4,5 lei (meervoud) in een euro.

Terwijl in veel Europese steden de Roemenen een slechte naam hebben, houden ze zich in hun eigen land opvallend koest. In Boekarest overkomt je bijvoorbeeld beduidend minder dan in Praag, Boedapest of Parijs.

Toch is er welzeker sprake van typisch Boekarestse oplichting.

Hotspots voor oplichters

De hele stad

De taxichauffeurs zijn uitermate onbetrouwbaar. Vooral de types die je op het vliegveld en rond de uitgaanswijk Lipscani opwachten.

Velen maken gebruik van de *monkey*, een verscholen knopje waarmee de taximeter naar believen kan worden versneld. Het is uiteraard onzichtbaar voor de toerist, maar er zijn wel aanwijzingen die verraden dat je een foute taxi – met monkey – te pakken hebt.

Als de meter bijvoorbeeld in een beugel zit en opvallend schuin naar beneden staat gericht. Je kunt er dan niet goed op kijken en elke keer als de chauffeur je afleidt door je te wijzen op een bezienswaardigheid glijdt zijn linkerhand naast zijn stoel naar beneden en drukt hij een paar keer vlug op Het Aapje, en hup weer tien lei erbij.

Omgeving Lipscani

Neppolitieagenten. Hun werkwijze wordt lokaal aangeduid als de Maradonna-truc. Twee 'geheim agenten' in burger spreken je op straat aan en zeggen dat ze met een undercoveronderzoek bezig zijn. Ter controle willen ze even je papieren zien en in je portemonnee kijken of je vals geld bezit. Als de ene in je portemonnee zit te neuzen, leidt de ander je even af.

Op dat moment grist nummer één een deel van je bankbiljetten weg. Je mag tot je opluchting weer doorlopen. Als je een paar passen later ontdekt dat er geld uit je portemonnee mist en je kijkt achterom, is er niemand meer te bekennen.

Treinstation Gara de Nord

Hier vind je veel verslaafden die toeristen aanklampen voor een gift van vijf lei. Dat is precies de prijs van een shotje Aurelac. Aurelac – de goedkoopste drug van Roemenië – is een soort verfverdunner die uit grijze plastic zakjes wordt gesnoven. Aurelac-verslaafden lijken constant in een soort slaapdronken toestand te verkeren en hebben opvallend rotte tanden. Het spul tast de hersenen aan en gebruikers worden zelden ouder dan dertig jaar.

Praag

Dit Parijs van het oude Oostblok staat hoog op de lijst van oplichterssteden in Europa. De lokale munt in Tsjechië is de kroon. Een euro is 27 kronen.

Hotspots voor oplichters

Tussen het Wenceslasplein, de Karlovbrug en het oude stadsplein

In Praag speelt alle oplichting zich af in het gebied dat wordt begrensd door het Wenceslasplein, de Karlovbrug en het *Staroměstské náměstí* ofwel 'het oude stadsplein'.

Cabaret. In tegenstelling tot cabaret in de rest van de wereld heeft het in Praag helemaal niets van doen met kleinkunst. Het is een verkapte bar-scam.

In rode viltjassen gehulde heren met kachelpijphoed lokken toeristen onder het mom van een gezellige avond 'cabaret' een ordinaire hoerentent in. De drankjes zijn peperduur en als een dame – die er steevast gezellig bij komt zitten – een glaasje champagne van je wil drinken, betaal je al snel 35 euro... voor een glas limonade.

Je ziet ze op elke straathoek: wisselkantoren. Het is me een raadsel waarom mensen überhaupt nog ergens wisselen terwijl je tegenwoordig gewoon overal rechtstreeks kunt pinnen. En in Praag moet de toerist zich al helemaal niet wagen aan de wisselkantoren. Ze hanteren een absurd systeem. Er wordt op een groot bord geadverteerd met een gunstige koers en als je wisselt, ontdek je tot je schrik dat je op honderd euro zomaar dertig euro commissie hebt betaald. Vooral Western Union is berucht. Het kan echter ook zomaar gebeuren dat je bij het wisselkantoor ernaast helemaal geen commissie betaalt. Er heerst een gekmakende willekeur in Praag.

Geldwisselaars. Als je dan na een ervaring met een fout wisselkantoor de wanhoop nabij bent en je toevlucht zoekt tot een geldwisselaar op straat, beland je van de regen in de drup. Het zijn dezelfde lui die Boedapest onveilig maken. In plaats van harde Tsjechische kronen splitsen ze je waardeloze Wit-Russische roebels in je maag.

Taxichauffeurs zijn ook al niet veel soeps in Praag. Ze zijn onder te verdelen in drie categorieën: 1) de goudeerlijke, 2) mannen die van tevoren een prijs afspreken die minimaal het drievoudige is van de officiële meterprijs en 3) chauffeurs die extreem omrijden.

Een handige tip: zeg gewoon dat je undercovertoerist bent. Daar zijn ze als de dood voor. Sinds de burgemeester van Praag enkele jaren geleden tijdens een ludieke actie verkleed als Italiaanse toerist de woekerprijzen zelf aan den lijve ondervond, zet de Praagse politie regelmatig undercovertoeristen in.

Barcelona

Deze tweede stad van Spanje staat bij Nederlanders in de hoogste regionen van de lijst favoriete buitenlandse steden. Wij hebben Barcelona ervaren als behoorlijk safe. De politie is overal op straat zichtbaar aanwezig en dat schrikt blijkbaar veel ongure types af. Toch valt er op oplichtersgebied nog altijd voldoende te beleven.

Hotspots voor oplichters

De Rambla en de metro

Barcelona heet de zakkenrollershoofdstad van de wereld te zijn. Nergens worden zo veel aangiftes van gedupeerde toeristen gemeld. De pickpockets slaan vooral toe in de metro en op de perrons van een hele rits stations. Met name Barceloneta, Passeig de Gracia, Catalunya en Diagonal zijn berucht.

Aardig om ze eens te observeren. Vanaf het terrasje van de McDonald's aan de Passeig de Gracia (schuin tegenover de twee beroemde huizen van Gaudi) heb je goed zicht op een van hun favoriete hang-outs.

Er is daar een metro-uitgang en wij hebben er weleens twintig zakkenrollers in een uur gespot. Ze zijn te herkennen aan een heuptasje, een petje en ze zijn altijd met z'n tweeën of drieën. Op die plek zijn trouwens ook elke dag enkele arrestaties te bewonderen. De zakkenrollers worden dan opzichtig gefouilleerd en vervolgens weer heengezonden.

Voor de meer geoefende *Oplichters in het buitenland*-kijkers: er is op deze plek een doorlopend kat-en-muisspel gaande tussen de zakkenrollers en de politie. Behalve de opvallendste zakkenrollers kun je na enig geconcentreerd kijken vanaf het terrasje ook undercoveragenten ontwaren in de massa.

Ze zijn verkleed als toerist, maar ze zijn dat nét niet. Ze hebben namelijk een walkietalkie bij zich en ze zijn iets te gespierd en te oplettend om te kunnen doorgaan voor een paar jolige feestvierders uit Enkhuizen.

Afrika

Mijn crew beschuldigt me er altijd van dat ik veel te vaak en veel te snel 'vrienden' word met Afrikanen. Ik zal het maar ruiterlijk toegeven: ik heb een zwak voor ze en dat komt wellicht omdat ik in mijn jeugd zelf twee jaar in Burundi heb gewoond.

Het Afrikaanse continent valt als het gaat om oplichters onder te verdelen in drie typische varianten, die geografisch en cultureel duidelijk van elkaar te onderscheiden zijn.

In het (noordelijke) Arabische deel word je vooral met talloze smoezen de plaatselijke medina ingelokt, waar men je vervolgens vakkundig een poot uitdraait in 'de winkel van een oom'.

Meer zuidelijk (Gambia, Senegal, Zanzibar) zijn het de *Hustlers & Bumsters* die je breed lachend meetronen in hun valletjes. Ik gebruik met opzet een verkleinwoordje, want het gaat meestal om te dure souvenirs.

Maar niet altijd... en daar komen we bij de derde en grimmigste vorm van toeristenoplichterij in Afrika. Met name in Zuid-Afrika en Kenia (waar de hoofdstad Nairobi door de lokale bevolking gekscherend wordt aangeduid als 'Nairobbery') zijn gespecialiseerde bendes actief die toeristen onder bedreiging van vuurwapens beroven.

Tunesië

Paniek om de douane

Een pietsie opgelucht ben ik wel als ons vliegtuig van Tunisair touch down maakt op Carthage International Airport bij Tunis. Tijdens de vlucht was me namelijk een verontrustend aantal roestplekjes op de vleugel opgevallen. Ze zaten langs de rand van de flaps en aan de vleugelpunt.

Nu sus ik mijn gemoed in dergelijke gevallen altijd maar met de gedachte dat Schiphol heus geen luchtvaartmaatschappijen toelaat met gammele kisten. Maar ik had me toch sinds lang onbehaaglijk gevoeld over de afloop van een vliegreis. Een vleugel is een vrij cruciaal onderdeel van een vliegtuig en daar wil je op twaalf kilometer hoogte gewoon liever geen roest op zien.

Maar de vleugel zit bij de landing nog keurig haaks aan de romp vast. Op dat moment kan ik niet vermoeden dat we binnen een halfuur pas echt in de problemen zullen raken. In de aankomsthal staan Marijke, Joep en ik een kwartier later op onze koffers te wachten. Altijd een fijn moment als je koffer uit het gat met de flappen rolt. Maar het duurt deze keer lang, heel erg lang.

Koffers zoek

De andere passagiers uit ons vliegtuig druppelen een voor een weg en uiteindelijk staan alleen wij drieën er nog. Hoe kan dat nou? Het was een rechtstreekse vlucht. Dan kun je toch geen koffers kwijtraken... Als we nou via Charles de Gaulle waren gevlogen (dat is namelijk de aller-, allerstomste luchthaven op aarde, waar áltijd een koffer zoek raakt), dan hadden we het normaal gevonden.

Maar nu staan we een beetje beteuterd te wachten. En dat maakt langzaam plaats voor een wat onbehaaglijk gevoel. Het heeft alles te maken met de inhoud van onze koffers.

Het is goed om daar even iets over uit te leggen.

In de televisiewereld heerst een soort diepgeworteld vertrouwen in het bewandelen van de 'officiële weg' als je op reportage naar het buitenland moet. Hiermee bedoel ik het aanvragen van een werkvisum. De afdeling Productie regelt dat meestal via de ambassade van het te bezoeken land. Soms moet je daarvoor een enorm formulier invullen. Amerika is zo'n land: vier pagina's met de meest absurde vragen. Zoals: 'Waar heb je in militaire dienst gezeten?' En: 'Wat voor werk doet je ex-vrouw?'

Ikzelf ben van mening dat die werkvisa apekool zijn. Ze zijn namelijk vooral bedoeld voor mensen die echt in het te bezoeken land gaan werken. Dus die onderdeel gaan uitmaken van de lokale economie. Als je een maand gedetacheerd wordt op een booreiland in de Golf van Mexico, of zo. Als televisiemaker ben je hooguit een week in zo'n land en maak je een reportage voor de tv in je thuisland.

Behalve dat ik niet houd van de rompslomp, schuilt er ook een betrekkelijk groot gevaar in die werkvisa-drift. Je moet namelijk precies en uitgebreid invullen wat je komt doen. En als je als journalist binnenkomt, is dat in een aantal landen onhandig. Douaniers kunnen daar behoorlijk allergisch op reageren. Zo ook Tunesië. Daar hebben ze een broertje dood aan journalisten.

Geen visum

Ik heb de afdeling Productie ervan weten te overtuigen dat we alle reizen beter zonder werkvisum kunnen maken. Dus we gaan als toerist. We hebben daarom ook geen professionele camera mee. In plaats daarvan gebruiken we voor de sfeershots een duur fototoestel, waarmee je ook kunt filmen. Voor de kenners: een Canon 5D. Dat is een camera die eigenlijk mooiere beelden oplevert dan de tv-camera's, en die je als toerist ook gewoon bij je kunt hebben.

De enige hobbel die overblijft is natuurlijk onze koffer vol met verborgen apparatuur. Ga dat maar eens recht praten bij een strenge douanier die in je koffer loert.

Tunesië is typisch zo'n een land waar je verborgen camera's niet stiekem naar binnen moet smokkelen. En dat waren we juist van plan.

Nu staan we aan een inmiddels lege lopende band. Marijke, Joep en ik kijken elkaar een beetje onzeker aan. Wat moeten we doen?

Net als we naar 'lost and found' willen lopen, bollen de rubber flappen weer op. Daar komen onze drie koffers, eenzaam op ons af. Nou ja, eenzaam. Naast de koffers wandelt een officiële meneer mee. In dat soort landen zie je bitter weinig verschil tussen een douanier en een tot de tanden toe bewapende commando.

Eruit gepikt

De man kijkt streng en wijst naar onze bagage. 'Van jullie?' zegt hij kortaf in het Frans. Op onze koffers staat met krijt een groot kruis. Kak! We zijn eruit gepikt. Onze koffers zijn door de *x-ray* gegaan en daar hebben ze natuurlijk tot hun schrik vastgesteld dat de inhoud behoorlijk verdacht is.

Je kunt je voorstellen dat een hele lading batterijen, printplaten en snoeren nou niet echt vertrouwen wekt in het land waar de Arabische lente begon.

De douanebeambte annex commando heeft zelf al wel een idee met wie hij te maken heeft. 'Journalisten zeker?' vraagt hij nors. Zonder iets te zeggen lopen we mee naar een tafel waar een andere meneer ons opwacht. Onze koffers moeten open. Tussen de onderbroeken liggen daar onmiskenbaar allemaal vreemde dingen die je niet verwacht in het valies van een toerist. Meneer twee wijst ernaar en kijkt me vragend aan.

Ik bluf. 'We zijn gewoon toeristen hoor. We willen Tunis bezoeken en de ruïnes van Carthago en daarna gaan we nog een paar dagen naar het strand.' Hij lijkt niet tevreden.

'O, dat?' vervolg ik quasiongeïnteresseerd als hij een paar batterijen optilt waar wat snoeren aan bungelen. 'Dat zijn laders voor onze camera. We hebben gewone consumentencamera's bij ons hoor. Die kun je hier ook in de winkel kopen.'

Hij lijkt maar half tevreden, en draait zich met een blik van iemand die vermoedt dat hij in de maling wordt genomen naar Joep. 'Open,' beveelt hij kortaf. Joep ritst braaf zijn rugzak los. Daarin zit de Canon 5D met extra lenzen.

'En dat dan?' vervolgt de douanier tegen mijn collega met een gezicht van 'lul je daar dan maar eens uit vriend'.

Wat denkt u zelf?

Maar Joep is de rust zelve. Hij vertrekt geen spier en antwoordt een beetje geïrriteerd: 'Dat is inderdaad mijn camera, ja. Ik verhuur die dingen in Nederland aan televisiebedrijven. Nu ben ik op vakantie, en ik zou natuurlijk wel gek wezen als ik rommel ga meenemen terwijl ik zulke goeie spullen in huis heb. Wat denkt u zelf?'

Joep is een man naar mijn hart. Hij floept het er zo uit. De douaniers zijn allebei een beetje overrompeld. Ze kijken elkaar aan en gebaren dan dat we door mogen lopen.

Pff, dat was op het nippertje! Ik had natuurlijk nooit kunnen uitleggen wat dat piepkleine lensje en die knop en die minirecorder en die aan elkaar getapete penlights achter die geheime rits in die schoudertas deden, die ook in mijn koffer zat.

Even later zitten we in een taxi naar de badplaats Sousse. Een onlogische route overigens. Met het vliegtuig eerst naar Tunis en dan over land drie uur rijden naar Sousse terwijl er elke dag rechtstreekse charters zijn. Maar dit is strategie. We willen niet aankomen met de meute Hollandse toeristen die mij meteen herkennen. Bovendien houden we in ons achterhoofd dat als er in Sousse niet voldoende oplichting te 'vangen' is, we aan het einde van ons verblijf altijd nog twee daagjes Tunis kunnen proberen.

Rotgesprekken

De opluchting van zojuist op het vliegveld heeft alweer plaatsgemaakt voor een hernieuwd onbehaaglijk gevoel. Dat krijg je als je met z'n drieën zit na te filosoferen over de gebeurtenissen.

Niet geheel onterecht merkte Joep zojuist op dat ze ons wellicht lieten gaan, met in het achterhoofd de wetenschap dat we ook weer moeten vertrekken op enig moment. En dat ze dan natuurlijk op hetzelfde vliegveld onze bedoelingen eenvoudig achteraf kunnen controleren door ons gefilmde materiaal te bekijken.

Rotgesprekken zijn dit. Want als dit het scenario wordt, nemen ze in het gunstigste geval ons gefilmde materiaal in beslag. Wat natuurlijk al een complete ramp zou betekenen. Ze zouden ons echter ook kunnen oppakken. In Noord-Afrika zijn mensen voor minder het gevang in geslingerd.

Wij filmen natuurlijk geen staatsgevoelige zaken zoals olieraffinaderijen of militaire roadblocks, maar toch. De toeristenindustrie is een zeer belangrijke bron van inkomsten in Tunesië en een onverzettelijke overheidshotemetoot kan ons werk wellicht zien als een dolk in de rug van de sector. Wie zal het zeggen? Bedankt Joep.

In Sousse maakten we uiteindelijk een geweldig mooie reportage over het verschijnsel *bezness*, een Arabische verbastering van business. Bezness staat voor een hele industrie van Tunesische mannen die niets anders doen dan westerse vrouwelijke toeristen inpalmen en dan financieel uitkleden. Met Marijke als naïeve toerist kwam dat helemaal goed.

Vijf dagen later draaien we nog een paar items in het noordelijker gelegen (en veel leukere) Hammamet, en dan breekt op dag zes van ons verblijf de tijd aan voor de terugreis naar Tunis. Naar het vliegveld. Naar de douane. Met onze koffers vol 'toeristenspullen'.

Doemscenario's

Het rottige onderbuikgevoel dat net aardig is weggeëbd, komt nu weer opzetten. Morgen is het zover. Door ons getheoretiseer over alle doemscenario's zijn we (vooral ik) er inmiddels van overtuigd dat we gelazer krijgen. We rijden de hoofdstad Tunis binnen. Er is veel politie op de been. Op sommige plekken zijn wegversperringen en soldaten houden de wacht op strategische punten. We moeten een nacht doorbrengen in deze stad.

Morgenvroeg vertrekt ons (licht gecorrodeerde) vliegtuig naar het veilige Amsterdam, waar nooit iemand zeurt over wat je komt doen of wat je gedaan hebt. Vlak achter het Oceanografisch museum aan de Avenue de Paris ligt het Majestic Hotel. In de bar bespreken we onze zorgen voor morgen.

Hier ontstaat in mijn geplaagde brein een betrekkelijk lumineus idee, al zeg ik het zelf. Marijke heeft al ons gefilmde materiaal gekopieerd naar vier harde schijven. We verdelen die normaal gesproken over de hand- en ruimbagage. Zo is de kans het grootst dat er in elk geval één kopie aankomt.

Een geheime plek

Wat nou... als we een van die schijven achterlaten in het hotel! Op een geheime plek. Ik loop opgewonden met een schijf in mijn hand naar mijn kamer.

Ah, een systeemplafond! Mooi. Net als in de film stap ik op een stoel en wip een plafondtegel opzij. Zo heb ik toegang tot de holle ruimte boven mijn kamer. Ik leg de schijf net over de rand en laat de tegel weer zakken. *Mission complete!* Snel bel ik de redactie.

Wat altijd opvalt is dat 'ze' in Nederland op dit soort momenten doorgaans minder opgeslokt worden door het James Bond-gevoel dan ik. Daar geldt een andere werkelijkheid. Die van 'het regent weer' en 'we gaan vandaag vroeg lunchen'.

Toch weet ik mijn collega in Amsterdam te overtuigen van de noodzaak van deze exercitie. Ik leg uit wat onze angst is en dat ik een schijf achter de tweede plafondtegel links naast de badkamer in kamer 88 van het Majestic Hotel heb verstopt en dat daar dus in geval van nood iemand vanuit Nederland heen moet om hem op te halen. Dat kost slechts een retourticket Tunis en een overnachting. Een fractie van de kostprijs van het programma en zeker de investering waard. Maar dan moet diegene die in geval van nood over gaat komen wel zeggen dat-ie per se kamer 88 wil. Ingewikkeld, maar in mijn bange hoofd is dit momenteel de enige optie.

Bij het avondeten in het restaurant van het hotel gaat het alleen nog maar over de schijf achter de tweede tegel naast de badkamer. En over wat ons morgen te wachten staat. Ik slaap die nacht onrustig. Wat kun je je in bed toch belachelijk druk maken over dingen!

Om drie uur word ik voor de tigste keer wakker en peins me weer suf over de dingen die komen gaan. Het gekke is dat de mogelijkheid dat we vriendelijk worden uitgezwaaid door de lokale grensbewaking inmiddels helemaal is verdwenen uit de lijst met opties.

Code 7484

In plaats daarvan krijg ik nu opeens lumineus idee nummer 2. Dat komt omdat er een zwakke plek zit in de huidige aanpak: dat degene die de schijf moet ophalen precies in kamer 88 moet belanden.

Lumineus idee 2 grenst aan het geniale. In het holst van de Tunesische nacht kruip ik mijn bed uit en plaats de bureaustoel weer onder de bewuste plafondtegel. Ik til hem op en pak de schijf. Ik loop ermee naar de kledingkast naast mijn bed en open die. Daar staat de kluis die in de meeste hotelkamers aanwezig is. Om paspoort en geld te bewaren. Nu leg ik de schijf daarin, maak een code aan (7484) en sluit de kluisdeur. Met een gerust hart val ik in een diepe slaap. *I'm in peace.*

De volgende ochtend pak ik mijn spullen en loop naar de lobby. Joep en Marijke staan er al. De schijf ligt nog steeds in de kluis. Ik verklap nog niks van mijn plan. Dit is op 'need to know'-basis. We vertrekken naar het vliegveld. Laat ze maar komen, die etters van de douane!

Maar er gebeurt helemaal niets. Het minst voor de hand liggende scenario voltrekt zich vlekkeloos. De douane is ons allang vergeten en een uiterst vriendelijke mevrouw in uniform controleert onze paspoorten. De koffers worden ingecheckt en verdwijnen keurig achter de rij balies van Tunisair in de richting van het roestige vliegtuig.

Bange poeperds

In ons bezit nog steeds: al onze camera's plus drie schijven. Wat waren we bange poeperds! Op zo'n moment lijken alle opwinding en angst ongepast, overdreven, belachelijk. Toch was er net nog echt sprake van een gevalletje 'clear and present danger'.

In het vliegtuig ontvouw ik aan mijn collega's mijn briljante plan 2 van drie uur vannacht. 'Ik heb de schijf in de kluis van m'n kamer gelegd,' zeg ik tegen twee verbaasde gezichten. 'Dat is namelijk superslim! In Nederland zou er gewoon een belletje naar het hotel gepleegd kunnen worden met de mededeling dat de heer Van der Spek iets vergeten is uit zijn kluis te halen. De code is 7484. Controleer het maar! Of ze dat even op onze kosten via FedEx naar Amsterdam kunnen sturen. Dat hotel heeft niks te maken met die lastige vliegvelddouane en stuurt aan de lopende band vergeten spullen de wereld over.' Marijke en Joep tonen slechts een zeer gering spoor van ontzag. Ik vind het nog steeds ingenieus.

En het werkt. Want het Majestic Hotel in Tunis heeft die week de harde schijf vol 'belastend materiaal' keurig naar de redactie in Amsterdam gestuurd. Gaan we de volgende keer zeker weer doen als we in een 'moeilijk land' moeten filmen.

Tunesië is het land waar de Arabische Lente begon. Er wonen 11 miljoen mensen en de nationale munt is de dinar. Een euro is 2,25 dinar. Het land is politiek nog steeds betrekkelijk stabiel, hoewel recente aanslagen het toerisme hebben doen teruglopen. De meeste toeristen bezoeken de stranden van Sousse, Djerba en Hammamet langs de Middellandse Zee.

Hotspots voor oplichters

De medina's van alle badplaatsen

De bekendste truc is dat vriendelijke heren een leugen gebruiken om je mee te lokken naar een (veel te dure) winkel in leer, wol, tapijten of sieraden. Hierbij maakt de oplichter misbruik van het polsbandje van het all-inclusive resort dat alle toeristen dragen. Die dingen zijn per resort verschillend en daardoor zeer herkenbaar.

Al aan de rand van de medina komt er dan een breed lachende meneer met uitgestoken hand op je af. Hij doet net of hij je kent van jouw hotel. 'Wat een toeval! Ik werk bij u in de keuken. We hebben elkaar gisteren nog gezien!' Niet waar natuurlijk. Hij zag aan je pols waar je verblijft.

Als welopgevoede Nederlander in den vreemde vind je het natuurlijk lullig dat je die meneer uit de keuken niet herkent. Dat is een teken van desinteresse in een vriendelijke local. Dus veins je aarzelend enige herkenning.

Stap twee is dat die meneer uit de keuken gelieerd blijkt te zijn aan een winkel om de hoek, waar naar zijn zeggen ook het hotel al jaren goede zaken mee doet. En er zijn nog twee extra redenen om vooral mee te gaan. 'Voor gasten van "ons" hotel geldt een extra korting, en het is deze week schaapscheerfeest.' Dubbele kortingen dus.

Hele volksstammen houden zich hiermee onledig aan de randen van de medina's.

Deze branche is zo goed georganiseerd dat zelfs slimme toeristen die hun polsbandje expres niet omhebben, kunnen worden herkend. Dat gaat zo. Als er een taxi met deze slimmeriken vanaf een hotel komt aanrijden, krijgt een brommerrijder onderweg al een seintje waar de af te leveren 'buit' vandaan komt.

De brommer snelt vooruit en seint op zijn beurt de oplichter bij de medina weer in. Zodoende worden ook deze toeristen tot hun stomme verbazing direct bij aankomst hartelijk ontvangen door een vriendelijke meneer uit de keuken van zijn hotel.

Gambia

Close call in Kololi

Een medewerker van ons hotel wenkt me. Hij kijkt bezorgd. 'Er staat politie voor de deur en ze vragen naar u. Ze willen u meenemen.' Aan de rand van het zwembad van het Kombo Beach Resort in Kololi krijg ik de schrik van m'n leven. Foute boel.

We zijn in Gambia en hebben zojuist een dijk van een confrontatie gefilmd, het slotstuk van een dijk van een verhaal. En nu dreigt het plotseling uit de hand lopen.

Over de inhoud van het verhaal kan en mag ik niet schrijven, want dat zou een handvol onschuldige mensen in gevaar brengen.

Een beruchte oplichter die we vanmorgen hier in de hoteltuin hebben geconfronteerd met zijn daden is zojuist woedend weggelopen. Hij schreeuwde nog iets van 'hier ga ik werk van maken'. Maar dat er binnen een halfuur politie op de stoep zou staan, hadden we niet verwacht.

Nu wordt duidelijk wat er aan de hand is. 'Die meneer met wie u vanmorgen ruzie had, is een neef van de politiechef in het dorp,' vervolgt de hotelmedewerker. 'Maar u bent onze gast, we zullen u beschermen,' voegt hij er snel aan toe. Aan de blik in zijn ogen zie ik dat hij dat waarschijnlijk niet kan waarmaken.

Snel schakelen

Achter hem zie ik twee politiemannen het terrein op benen. Ik heb mijn verborgen tascamera nog om mijn schouder en er zit een zender onder mijn shirt geplakt. Nu moet ik snel schakelen. Of ik ga zo mee en kan op het bureau stiekem filmen wat er gaat gebeuren, of ik word zo meteen gestript en ze ontdekken alles waarna ik in een donkere Gambiaanse kerker beland.

Ik gok op het laatste, roep Joep en Marijke die een eindje verderop staan en wenk ze mee naar de hoteltuin. 'Shit jongens, ik moet met de politie mee!' sis ik tegen ze terwijl ik achter een grote boom en uit het zicht van de naderende politiemannen mijn zender onder mijn shirt vandaan trek en mijn tas aan Marijke geef. 'Die vent van vanmorgen is familie van de politiechef en nu is er stront aan de knikker.'

Ik laat mijn collega's in vertwijfeling achter en wandel zo rustig mogelijk en met uitgestoken hand op de politiemannen af.

Ze hebben niks gemerkt van het intermezzootje met mijn collega's en zeggen alleen dat ze me komen halen omdat de politiechef me 'ergens' over wil spreken.

Op de zandweg voor het hotel staat een jeep klaar. Ik neem achterin plaats en een van de politiemannen komt naast me zitten. Als we wegrijden zie ik dat Joep me op grote afstand van achter een boom staat te filmen.

Na een kwartiertje zwijgend hobbelen op de achterbank van de politieauto stoppen we voor een politiebureau annex gevangenisje, op een drukke kruising midden in Kololi. Binnen wacht blijkbaar de kwaaie chef. Ik vind het eng.

Jaren in de cel

In Gambia is een halfjaar eerder vrij eenvoudig een wet aangenomen die het de politie makkelijker maakt om kritische journalisten aan te pakken. Als je in dit land iets publiceert dat de staat onwelgevallig is, kun je voor jaren in de cel verdwijnen.

Wij zijn zonder journalistenvisum het land binnen gekomen, hebben iets ontdekt dat het toerisme, de belangrijkste inkomstenbron van het land, schaadt en hebben daarvoor de neef van de politiechef ontmaskerd en met drie verborgen camera's gefilmd. Oeps!

Met lood in mijn schoenen loop ik tussen de twee agenten het politiebureau binnen. Nou ja, politiebureau. Het is eerder een smerig hok, waar een stuk of acht Gambianen staan te wachten voor een hoge toonbank. Erachter een agent in uniform. Daar weer achter schitteren de getraliede ramen van drie donkere cellen. Uit een van de ramen steken twee armen. Er klinkt gekreun. Het lijkt wel een film waar ik opeens in ben beland. Het angstbeeld van mijzelf daar zuchtend in die cel flitst door mijn hoofd.

Een oudere man met een leesbrilletje in een groen pak komt uit een zijvertrek. Hij kijkt me nors aan. Het is de politiechef. De neef van de oplichter.

'Ik heb een klacht over u ontvangen,' zegt hij kortaf. Nog voor ik iets kan antwoorden voegt hij eraan toe. 'Ik denk dat u journalist bent. Wat bent u allemaal van plan in Gambia?'

Ik haal diep adem, zet mijn meest onschuldige gezicht op en zeg: 'Hoe komt u daar nu bij? Ik ben gewoon gast in het Kombo Beach Resort met mijn twee vrienden. Ik ben een toerist uit Nederland.'

De rest van de inhoud van dit gesprek kan ik onmogelijk delen, want dan komen de mensen die ons ter plekke hebben geholpen onherroepelijk in gevaar.

Voordeel van de twijfel

Maar uiteindelijk geeft de politiechef me het voordeel van de twijfel. Na minstens een uur onderworpen te zijn geweest aan een behoorlijk uitputtend verhoor mag ik weer terug naar het hotel.

En daar sta je dan. Het item uitzenden is nicht im Frage. Het zou betekenen dat ik weliswaar een onthullend verhaal breng, maar dat de gevolgen voor de betrokkenen niet te overzien zijn. Zo'n journalist wil ik niet zijn.

Een andere consequentie is dat we nog maar drie dagen hebben om de uitzending te redden. Het hoofdonderwerp, toch al gauw vijfentwintig minuten in het programma, is zojuist afgeschoten. En nu moeten we in dit strenge land die tijd vullen met een ander onderwerp. En dat met een politiechef even verderop, die aan alle kanten gealarmeerd is.

Maar zoals zo vaak: als de nood het hoogst is, is de redding nabij.

We hebben namelijk nog een onderwerp achter de hand. Iets dat we als vrijwel onhaalbaar hadden ingeschat bij vertrek, maar dat nu noodgedwongen plotseling actueel is geworden.

Ons achter-de-handje is de wetenschap dat heel West-Afrika berucht is vanwege datingfraude. Het werkt vrij simpel. Een Afrikaanse dame benadert via datingsites westerse mannen die gewoon thuis in Apeldoorn achter hun pc zitten te surfen op relatiefora.

De oplichtster aan de andere kant in Afrika zorgt dat de mannen vlot stapelverliefd op haar worden en begint mooie beloftes te maken over een gezamenlijke toekomst.

Uitkleden

Als de eenzame westerling hoteldebotel is, komt er een kink in de kabel. De dame in kwestie heeft plotseling geld nodig. Voor een nieuwe computer bijvoorbeeld, of om de douane om te kopen zodat ze naar Nederland kan reizen. Het kan van alles zijn.

De truc is om het slachtoffer zo lang mogelijk aan het lijntje te houden en stukje bij beetje financieel uit te kleden. Als je als oplichtster op die manier twintig mannen tegelijk benadeelt, kun je er een aardige boterham mee verdienen. Het gebeurt uiteraard ook met Afrikaanse mannen die westerse vrouwen inpakken.

Nu is bekend geworden dat dergelijke oplichting in min of meer georganiseerd verband gebeurt. In speciaal ingerichte internetruimtes zitten dames tussen twee schotjes achter de webcam en chatten ze alsof ze gewoon thuis op hun slaapkamer zitten. Hele waslijsten met eenzame mannen in West-Europa en de Verenigde Staten worden zo afgewerkt. De internetruimtes zijn veelal in beheer bij Nigeriaanse onderwereldtypes. Nigeria is zo'n beetje het moederland van alle internetoplichting, daar zitten de specialisten.

Wat zou het toch bijzonder zijn als wij hier in Gambia zo'n internetruimte, een *boilerroom* in vakjargon, ontdekken en daar ook nog eens stiekem kunnen filmen! Ik herinner me een uitzending van TROS *Opgelicht* waar een aangekochte Belgische reportage over dit fenomeen werd uitgezonden. De verslaggever bracht een jongen en een meisje onherkenbaar in beeld die dit vanuit een garage in, als ik het goed heb, Ghana deden.

Het schier onmogelijke

Maar wij willen in Gambia een stap verder: een echte boilerroom vinden. Het bijna onmogelijke!

Onze zoektocht begint die middag bij een taxichauffeur. Dat zijn toch altijd weer onze belangrijkste hulpen in den vreemde. Een taxichauffeur weet namelijk altijd precies hoe de hazen lopen. Hij heeft vervoer (de taxi) en hij spreekt meestal redelijk Engels. Nu is dat laatste geen probleem in Gambia, want dat is een Engelstalig dwergstaatje te midden van Franstalige landen. Als een blinde darm ligt het aan twee oevers van de Gambiarivier, midden in Senegal.

De taxichauffeur die we gewoon op gevoel uitkiezen rijdt in een jeep en draait harde reggaemuziek. Hij ziet er ook uit als een rasta. Leuke, joviale kerel.

Mensenvlees

We stappen bij hem in en vragen om ons naar de Calypsobar te rijden, een mooie plek met een boomhut en krokodillen. Als ik hem onderweg voorzichtig vraag naar het bestaan van de boilerrooms verstart hij. 'Dat zijn Nigerianen. Die runnen dat. Ze wonen in een wijk niet ver hiervandaan, maar ik ga jullie er niet heen brengen.' Samenzweerderig knijpt hij zijn ogen tot spleetjes. 'Weten jullie, Nigerianen eten namelijk mensenvlees. Ik heb eens van een kennis gehoord die bij ze thuis was geweest... die zag dat er een hand in de vriezer lag. Levensgevaarlijke lui.'

Dat is een lekkere binnenkomer! Nadeel is dat we nu geen gids hebben die ons een stukje dichter bij een boilerroom kan brengen. Voordeel is wel dat we zojuist een belangrijke aanwijzing hebben gehad dat *het* in Gambia gebeurt.

Die avond wandel ik in mijn eentje over de Senegambia Strip. Joep en Marijke volgen als stelletje op redelijke afstand. De Senegambia Strip is een gezellige toeristenstraat. Er zijn restaurantjes, bars en een paar massagesalons. Ik ben met wat reserves naar Gambia afgereisd, maar ik moet zeggen dat het (behoudens mijn aanvaring met de overheid) een erg leuk vakantieland is. Fijn volk ook. Ik loop hier nu in de hoop iemand te vinden die me kan helpen om een boilerroom van internetfraudeurs te vinden. Maar hoe pak je dat aan?

Je kunt moeilijk iedereen aanklampen en zeggen dat je een wanhopige journalist uit Nederland bent en dat je met een verborgen camera binnen drie dagen een hoogst illegale en geheime ruimte vol oplichters wil vinden. Zal de politiechef van vanmorgen leuk vinden als-ie daarachter komt.

Het vinden van de juiste contactpersonen komt in de praktijk veelal neer op een combinatie van een beetje mensenkennis, een gezellige babbel en de mazzel dat je met de juiste persoon een klik maakt.

Goeie beurt

Zo gaat het deze keer ook weer. Ik raak aan de praat met een man bij een massagesalon, een beetje aan het einde van De Strip. Hij is er de propper. Zijn zeer vriendelijke gezicht is eigenlijk de enige reden dat ik op hem ben afgestapt. Hij vraagt of ik een massage wil. Als ik 'nee' heb gezegd, blijf ik even staan.

Ik hoor aan zijn Engels dat hij hier niet vandaan komt. Op de gok schakel ik over op het Frans. Dat vindt hij leuk. Hij is inderdaad Franstalig. Hij komt uit Ivoorkust. Ik vertel dat ik in mijn jeugd twee jaar in Afrika (Burundi) heb gewoond. Ook in een Franstalig land.

Hij vraagt wat ik doe voor de kost. Ik zeg dat ik in het toerisme werk en jok dat ik voor een Nederlandse reisgids schrijf. Deze smoes gebruik ik vaker om mijn nieuwsgierigheid te verklaren. 'Nu ben ik op vakantie, maar ook dan hou ik mijn ogen en oren altijd goed open,' vertel ik erbij.

Nadat de massagesalonmedewerker nog wat aardigs heeft verteld over zijn jeugd in Ivoorkust en hoe hij in Gambia verzeild is geraakt, besluit ik de gok te wagen. Ik pak zijn arm en trek hem een beetje naar me toe. Hij kijkt me vragend aan. 'Wil je wat extra's verdienen?' zeg ik zachtjes. Hij vertrekt geen spier en antwoordt zonder emotie. 'Ja, zeg het maar. Wat moet er gebeuren?' Een man naar mijn hart.

Ik vertel hem dat ik op de redactie van de reisgids waarvoor ik werk heb gehoord van de datingfraude en van de boilerrooms. Dan leg ik hem uit dat ik natuurlijk een enorm goeie beurt maak op de redactie als ik volgende week met een foto van zo'n oplichtersbende terugkom.

Het werkt. De Ivoriaan knikt en er verschijnt een glimlach rond zijn mond. 'Voor 75 dollar laat ik je het zien. Geef me een dag. Ik ken een paar Nigerianen.' Mijn nieuwe vriend geeft me zijn telefoonnummer en sluit af met een stevige handdruk. 'Morgen, zelfde tijd op deze plek. Neem een cameraatje mee.'

Niet zonder gevaar

Opgetogen loop ik terug naar het andere eind van de uitgaansstraat en wuif een taxi. Joep en Marijke volgen me in een tweede taxi. Terug naar Kombo Beach.

Die avond wegen we de opties in ons hotel. We beseffen dat deze exercitie niet zonder gevaar is. Waarom zou een stelletje Nigeriaanse criminelen ons hun geheim laten zien? Als ik die Ivoriaan 75 dollar geef, dan zal hij daarvan ook zeker de Nigerianen moeten afkopen. Die zullen zich toch nooit voor een paar tientjes laten omkopen?

We komen tot de conclusie dat ik niet alleen moet gaan. De afspraak staat voor het einde van de middag. Ik zal daarom zeker als het al donker is op de geheime plek van de fraudeurs belanden. Nu geloof ik niet dat ik ook werkelijk op het menu van de Nigerianen beland, maar er kan me daarnaast ook nog steeds van alles overkomen.

Ik bel de Ivoriaan en zeg hem dat ik voor de veiligheid twee Nederlandse kennissen meeneem die ik in het hotel heb ontmoet. De contactman vindt het prima. Ik hoor hem aan de andere kant van de lijn lachen: 'Er zal je niks overkomen. Geen zorgen, mijn vriend. Ik heb de Nigeriaanse kennis gebeld en hij is er morgen ook. Laten we niet bij mijn werk afspreken, maar bij de pizzeria.' Zo, die slaat meteen spijkers met koppen.

We besluiten dat Marijke met het geld bij de pizzeria op de Senegambia Strip wacht en pas betaalt als Joep en ik veilig terug zijn. Als extra safety.

De volgende ochtend willen we eerst – voor de grap – een toeristenbijeenkomst bezoeken die Corendon heeft georganiseerd in ons hotel. Altijd leuk om eens van een ander te horen wat de do's-and-don'ts zijn. Die donkere Gambiaanse, maar verrassend goed Nederlands sprekende, dame uit de bus houdt het babbeltje. Omdat er louter Nederlanders zullen komen en ik liever niet in de smiezen loop, gaan alleen Joep en Marijke erheen. Ze nemen het praatje voor de zekerheid stiekem op.

Groen en geel

Een erg belangrijk onderdeel van haar verhaal betreft de taxi's. In Gambia heb je twee soorten: groene en gele. Ze zegt dat de groene veilig zijn. De gele zijn onveilig en zelfs ronduit gevaarlijk. In de groene ben je verzekerd. In de gele niet. De chauffeurs van de groene zijn allen in het bezit van een geldig rijbewijs, terwijl de chauffeurs van de gele taxi's vaak helemaal geen rijbevoegdheid hebben. Ten slotte zijn de gele taxi's heel gammel, en valt er soms zelfs zomaar een wiel af, vertelt de dame. De groene daarentegen zijn zeer solide.

Ik kijk het opgenomen beeldmateriaal terug en ik vind de dame stom. Hoezo niet verzekerd in een gele taxi? Alsof je Nederlandse reisverzekering je na een taxiongeluk in Gambia eerst vraagt naar de kleur van de taxi.

De Corendon-dame heeft trouwens een verdacht sterk Curaçaos accent. Bij de frontdesk van het hotel vraag ik hoe het komt dat onze Gambiaanse reisleidster zo goed Nederland spreekt. De receptioniste schiet in de lach. 'Haha, omdat ze ook Nederlands is. Ze spreekt helemaal geen Mandinga. Ze komt hier niet vandaan.'

Ik loop langs de desk naar de straat. Daar staat een mannetje dat me wenkt. Of ik een taxi wil. Hij toont me een rij groene taxi's die keurig op hun beurt wachten. 'Waar zijn de gele taxi's?' vraag ik hem. Hij fronst. 'Die mogen hier niet komen. Voor hen is de grens daar,' zegt hij terwijl hij naar een roadblock wijst waar een man in uniform de wacht houdt. 'Hoezo?' zeg ik verbaasd.

'Zijn het soms criminelen?' De taximan lacht. 'Nee, maar het is een afspraak tussen de hotels, de reisbureaus en de groene taxi's, dat er alleen groene taxi's bij de hotels mogen voorrijden.'

Afschermsysteem

Dus zo zit de vork in de steel. Dit behoorlijk gemene afschermsysteem voor lokale taxi's zijn we vaker tegengekomen (zie Jamaica).

Aan het einde van de middag gaan we met volgeladen batterijen in onze verborgen camera's op pad. We lopen naar de roadblock op honderd meter van ons hotel en nemen een gele taxi. Deze worden trouwens ook als busje gebruikt in Gambia. Ze rijden een vaste route en er mogen onderweg steeds mensen bij instappen tot hij vol is. Maar als je hem exclusief wilt, kan dat natuurlijk ook. De prijs van een gele is minder dan de helft van de prijs van een groene. Onze chauffeur spreekt goed Engels, rijdt netjes en er valt geen enkele keer een wiel van zijn auto. Wij zullen voortaan bij voorkeur gele taxi's nemen in Gambia.

Zonder te zijn beroofd worden we keurig afgezet bij de Senegambia Strip. Ik merk aan Marijke dat ze er een beetje van baalt dat ze niet meekan. Ze is ook journalist en is natuurlijk net zo nieuwsgierig als ik naar wat er gaat komen.

Bij de pizzeria aangekomen, zien we dat er niemand op ons zit te wachten. Ik bel mijn Ivoriaanse contact. Hij zegt dat er wat vertraging is opgetreden, maar dat er over een uur een kennis van hem naar me toe komt die het gaat regelen. Hijzelf moet die avond onverwacht werken.

Altijd vervelend als dingen opeens anders lopen. Je weet vaak niet hoe je zoiets moet inschatten. Is dit een veeg teken? Durven ze niet meer? Moeten er eerst wat mannetjes worden opgetrommeld om ons zo meteen te kidnappen? Of is er helemaal niks aan de hand?

Het is al donker als ik een zoekend gezicht zie voor de pizzeria waar Joep, Marijke en ik maar een pizzaatje hebben besteld. Ik loop op hem af. Het is onze nieuwe man. Hij vertelt me dat hij ons zal meenemen naar een ander restaurant, een stukje buiten de Strip, waar een Nigeriaan op ons wacht. Spannend dit! Maar is het niet te gevaarlijk?

De Nigeriaan

Ik bespreek het met mijn collega's en we besluiten alle drie te gaan. Het restaurantje bevindt zich niet in een achterbuurt, maar op loopafstand van de pizzeria. We gaan met de man mee. Op het terras voor het restaurant zit een donkere man met een gebreide trui. Het is dertig graden. Hij is 'De Nigeriaan'.

De Nigeriaan kijkt me aan, en ik stel me voor. Als ik begin te vertellen wat we willen zien, onderbreekt hij me. 'Eerst ga ik eten,' zegt hij met een stalen gezicht dat zo uit *The Godfather* kan komen. Hij knikt naar binnen waar een tafel gedekt wordt. Er loopt even een rilling over mijn rug. 'Zal ik hier buiten maar even op u wachten?' vraag ik bedremmeld.

Hij kijkt ons drieën even onderzoekend aan en neemt een slok van zijn cola. 'Kom maar mee naar binnen.' We zijn blijkbaar niet te licht bevonden. Binnen wachten we zwijgend tot het eten er voor meneer is. Ik begin me voorzichtig af te vragen of hij 1) wel een levensgevaarlijke maffiabaas is en of hij 2) wel een flauw idee heeft waarvoor we komen.

Als het gerecht geserveerd wordt (geen mensenvlees) en hij een eerste hap heeft genomen, vraagt hij met volle mond: 'Wat willen jullie precies?' Zie je wel! Die vent uit Ivoorkust wil gewoon even snel 75 dollar pakken en heeft nu een vage Nigeriaan geritseld in de hoop zo klaar te zijn.

Toch leg ik mijn wens uit. Dat wil zeggen, verpakt in het verhaal dat ik voor een reisgids werk en een goeie beurt bij mijn baas wil maken door met een foto uit een echte datingfraude-ruimte thuis te komen.

Direct op pad

De man kijkt even voor zich uit en zegt dan vrij neutraal dat zijn chauffeur ons wel naar 'zoiets' kan brengen. Dus toch! Ik haal diep adem en vraag hem wanneer dat mogelijk is. We gaan immers heel snel alweer terug naar Holland. 'Dat kan nu gelijk,' antwoordt de man nog steeds droog. Hij gebaart naar de man die ons hierheen bracht dat de 'vergadering' voorbij is en zegt in een lokale taal waarschijnlijk zoiets als 'neem ze maar mee'.

Voor we het weten zitten we in een (gele) taxi. Marijke, Joep en ik achterin en de handlanger van de Nigeriaanse maffiabaas naast de taxichauffeur. Zonder het er eigenlijk goed over te hebben gehad, is ons plan aangepast. En wel zo dat we geen enkele back-up meer hebben. Marijke kijkt een beetje guitig en schuldig tegelijk. Ze gaat mee. We hebben het gevoel dat dit wel goed komt. Waarom? Geen idee. Fingerspitzengefühl.

Onze taxi wordt langzaam opgeslurpt door de Gambiaanse nacht. We rijden het toeristendorp Kololi uit. Joep en ik kijken elkaar na een halfuurtje toch een beetje bezorgd aan. 'Waar zijn we nu weer in verzeild geraakt,' zeggen onze ogen. Is dit niet heel erg dom? We kunnen nu eenvoudig worden gelyncht.

Pikdonker

Maar de taxichauffeur en de gids lijken dat niet van plan te zijn. Na een halfuur stopt de taxi. We moeten uitstappen. Het is pik-en pikdonker. We staan in the *middle of nowhere* op een zandweg zonder verlichting. In de verte twinkelen wat lampjes in de tropennacht.

Terwijl onze taxichauffeur blijft wachten, lopen wij achter de compagnon van de Nigeriaan aan. Hij zegt niet veel en tuurt in de verte. Plots klaart zijn gezicht, in het schijnsel van de zaklamp van mijn telefoon, op. 'Daar!' zegt hij opgetogen en wijst naar voren.

Joep, Marijke en ik kijken elkaar aan. Is dat de plek waar ons zo iets vreselijks zal overkomen, of gaan we zo meteen iets te zien krijgen dat nog maar weinig westerse journalisten hebben mogen aanschouwen? We gaan voor het laatste.

En inderdaad. Na een minuut of vijf komen we aan bij de lichtjes, een soort keet. We lopen gewoon naar binnen en zijn dan getuige van het volgende tafereel.

Rechts naast de deur zit een lokale dame achter een tafeltje. Ze kauwt opzichtig haar kauwgom en keurt ons nauwelijks een blik waardig. Heel even maar kijkt ze op en dan duikt ze weer 'in' haar computerscherm. Alsof hier elke dag drie westerlingen met een Nigeriaanse gids komen binnenwandelen.

In de boilerroom

Deze dame moet de chef zijn. In de kleine ruimte staan acht pc's opgesteld die van elkaar zijn afgeschermd door schotjes. Achter zeven ervan zit een Gambiaanse vrouw druk te chatten.

Deze vrouwen zijn op deze stille plek, ver achter de stranden met de toeristenresorts, druk in de weer met hun oplichtingswerk. Ze struinen Europese en Amerikaanse datingsites af, zorgen dat vreemde mannen hen via de webcam spotten en proberen hen vervolgens te charmeren. Het is een baan.

Niet eentje om erg trots op te zijn, fluistert een van de oplichtsters me een beetje bedremmeld toe. Ze zit achter de webcam, terwijl een jongen van amper vijftien ernaast, buiten beeld, met haar toetsenbord op schoot opwindende en verliefde berichtjes schrijft aan een onwetende man aan de andere kant van de oceaan.

'Hij kan beter Engels en typt sneller,' gaat ze verder terwijl ze haar schaamte weglacht. Ik ga naast een andere dame zitten en zie in een insert op haar scherm een blanke man die halfnaakt achter zijn pc in Canada zit. Hij denkt dat hij alleen is met de dame en dat zij gewoon thuis zit. Arme man. Vanaf de zijkant, dus buiten beeld voor hem, zie ik dat hij opgewonden is. Hoeveel geld zou hij al hebben overgemaakt aan deze nieuwe 'liefde'?

Na een kwartier gaan we weer weg. Ondanks het halfduister in de ruimte hebben onze verborgen camera's voldoende kunnen opnemen voor een onthullende reportage.

De compagnon van de maffiabaas brengt ons keurig naar de (gele) taxi die trouw op ons staat te wachten. Daarna worden we weer netjes afgezet bij ons hotel. De volgende dag geef ik de afgesproken 75 euro aan de Ivoriaan bij de massagesalon. Hij kijkt me aan, draait zijn hoofd een beetje schuin en lacht met zijn ogen. 'Mag ik honderd hebben?' Ik geef hem de honderd.

De internetdating is een makkelijke manier van oplichting. In het straatarme Gambia, waar mensen letterlijk op de vuilnisbelten wonen achter de stranden met volgevreten, westerse toeristen, hebben ze een manier gevonden om toch een extra graantje mee te pikken. Niet goed, wel begrijpelijk.

Gambia is een zeer klein West-Afrikaans land. De oppervlakte is iets meer dan een kwart van Nederland. Er wonen bijna 2 miljoen mensen. Toerisme is de laatste jaren zeer sterk in opkomst. De lokale munt is de dalasi. 100 dalasi is ongeveer 2,30 euro.

Hotspots voor oplichters

Markt in Banjul

Verkoop van nepgoud.

Alle toeristengebieden

Te dure groene taxi's.

Senegambia Strip

Hustlers. Dit is een verzamelnaam voor allerlei kleine vormen van oplichting. Sjacheraars proberen je (voor geld) naar een winkel te loodsen. De bewakers bij de bank vragen je 'beschermgeld'. Er wordt je gevraagd om een bijdrage te leveren voor de bruiloft van een familielid, etc. etc.

Bumsters. Jonge, gespierde mannen die in de bars en op de stranden aanpappen met rijke (oudere) westerse vrouwen en uit zijn op financieel gewin in plaats van liefde.

Heel Gambia

Lokale toergidsen die proberen land te verkopen aan klanten. Als er een deal wordt gemaakt, blijkt dat de eigendomspapieren vals zijn en dat het gekochte en betaalde stuk land helemaal niet van de verkoper is.

Internetdating in georganiseerd verband. (Hier hoeft de toerist ter plekke natuurlijk niet voor te vrezen.)

Marrakesh

De populairste stedentripbestemming van Marokko telt bijna 1,2 miljoen inwoners. Het centrum van Marrakesh is sprookjesachtig, maar pas op, want oplichting loert op iedere straathoek. De lokale munt, de dirham, is ongeveer 9 eurocent waard.

Hotspots voor oplichters

Het Djemaa el Fla-plein en de oude medina erachter

In de week waarin we hier hebben rondgelopen is één ding zonneklaar geworden. Dit hele gebied – al staat het honderd keer op de werelderfgoedlijst van de Unesco – is één grote poppenkast.

Vrijwel alles is er nep. De 'lokale' apotheek is een façade waar alleen toeristen op afkomen. De 'authentieke', kostbare arganolie die er verkocht wordt en die volgens de 'apotheker' (lees oplichter in een witte jas) aan de man wordt gebracht als medicijn tegen werkelijk elke kwaal, is in de meeste gevallen aangelengde olijfolie. En net zoals bijna elke andere 'authentieke' winkel achter het beroemde plein, is bijna alles louter voor de toerist in elkaar geknutseld.

Op het plein zelf kun je ongevraagd een aap of een sissende cobra in je snufferd geduwd krijgen 'voor een leuke foto', zegt de vrolijk lachende eigenaar erbij. Maar als je dan met je telefoon een kiekje van het arme beest hebt gemaakt, krijg je opeens een belachelijke rekening gepresenteerd. Ik heb meegemaakt dat zo'n oplichter vijftig euro vroeg.

Ook dames met henna zijn er actief. Ongevraagd krabbelen ze met een spuitje in razend tempo een hennavormpje op je hand en willen daar dan zomaar vijftien euro voor hebben.

De restaurants zijn een verhaal apart. Een hele horde opgewonden proppers probeert op agressieve wijze toeristen van elkaar af te pakken en een van de restaurantjes langs het plein in te 'proppen'. Het blijkt dat deze gastjes liefst 50% commissie vangen. Voor de goede orde: als je met z'n vieren gaat eten kost dat op deze plek makkelijk 150 euro. Dat betekent 75 euro contant in het handje van de *faux guides*, zoals ze worden genoemd.

De gidsen vangen eenzelfde courtage bij de winkeltjes en worden door de lokale middenstand als plaag beschouwd. Als je namelijk als middenstander bij of op het plein niet van hun 'diensten' gebruikmaakt, keren ze zich tegen je. Ze schromen er niet voor om toeristen op straat te waarschuwen voor een restaurant waar het eten bedorven is. Dat is dus een restaurant dat geen commissie betaalt.

Beter is het om een taxichauffeur te vragen je naar de 'echte medina' te brengen. Deze is een klein halfuurtje rijden vanaf het Djemaa el Fla-plein en staat zeker niet op de werelderfgoedlijst van Unesco. Het ziet er veel minder pittoresk uit, maar je kunt er alles kopen en de prijzen liggen rond een vijfde van wat je betaalt in de toeristische poppenkast. O ja, niet onbelangrijk: geen opgewonden proppers en agressieve gidsen, maar heel erg aardige Marokkanen die je gewoon graag willen helpen en je vooral niets opdringen.

Noord- en Zuid-Amerika

In de Nieuwe Wereld moet de reiziger vooral oppassen voor neppolitie, geldwisseltrucs en berovingen. In Mexico zijn de scams vaak drugsgerelateerd en in de VS (denk aan Las Vegas) is veel gerommel met valse toegangskaartjes voor clubs en shows.

Zuid-Amerika is berucht vanwege straatberovingen en carjacking. Ook dient men op te passen voor straatprostituees die proberen toeristen mee te lokken. In Brazilië en Argentinië zijn dat de beruchte Cinderella Goodnight Girls, die drugs in je drankje stoppen en je daarna in je hotelkamer voornamelijk figuurlijk strippen.

Sommigen hebben zelfs geprepareerde kamers waar ze hun klanten heen lokken voor seks. Een lokale crimineel in Brasilia heeft me eens gedetailleerd uit de doeken gedaan hoe hij voor zijn vriendin een geheime draaideur in haar peeskamertje had getimmerd.

De klant hangt zijn kleding (inclusief portefeuille) aan een haakje aan de muur. Denkt hij. Tijdens de seks draait de wand heel zachtjes weg, wordt de portemonnee aan de andere zijde gerold en kantelt dan weer keurig terug.

De klant heeft geen idee wie zijn geld kan hebben gestolen. Hij lag immers te vrijen met de dame en verder was er niemand in de kamer. Briljante truc!

Brazilië

Rio de Janeiro, I think we're in business

'We're in Lapa, and I think we're in business,' hoor ik Marijke op de achterbank van de taxi zeggen op het moment dat het Carioca-aquaduct voor ons opdoemt. We rijden de uitgaanswijk Lapa in Rio de Janeiro binnen. Marijke citeert de gevleugelde woorden van Connor Woodman, presentator van het ter ziele gegane programma *Scam City* op National Geographic.

Het doet me helemaal geen pijn om dat nog een keer te zeggen. 'Ter ziele! Ter ziele!' Lekker.

Een paar maanden eerder maakten we de eerste reis voor mijn spiksplinternieuwe programma. Zelf bedacht in 2001, en in 2012 eindelijk in wording. Die eerste trip ging naar Thailand. En dan ben je behoorlijk opgewonden, kan ik u melden. Een nieuw programma, en een totaal nieuw format. Gaat het lukken? Wat vinden de kijkers ervan?

Vooral het feit dat dit géén zoveelste spin-off is van een bestaand format maar echt totaal iets nieuws, geeft natuurlijk een extra boost.

En dan, in al die euforie van de eerste reis, is daar opeens *Scam City*. Een hagelnieuw programma van National Geographic, door intimi ook wel liefkozend NatGeo genoemd. *Scam City* doet precies hetzelfde wat wij doen. De gelikte Connor Woodman reist met zijn team de wereld rond op zoek naar oplichters. Hij filmt met de verborgen camera hoe ze hem te grazen nemen. Dit kan toch niet waar zijn! Wel dus.

Afgrijzen

In onze hotelkamer in Thailand bekeken we vol afgrijzen een uitzending. Hij bleek ook nog eens Thailand te hebben bezocht, ontdekten we tot onze verbijstering. Mijn collega's hadden toen direct al sterke twijfels bij de echtheid van de reality van het programma. In de tv-wereld staat reality maar al te vaak voor 'in scène gezet met een gefaket rauw randje'.

Zelf vreesde ik echter dat het bij Connor Woodman, net als bij ons, allemaal echt is. Klote! Iemand aapt ons zonder het te weten na en als wíj zo meteen gaan uitzenden zal de goegemeente roepen dat ik het idee heb gepikt, alleen omdat zij net iets eerder hebben uitgezonden.

Niet veel later werd echter glashard duidelijk dat mijn collega's gelijk hadden. *Scam City* viel ongenadig door de mand tijdens reportages in Amsterdam en Praag. Onderzoek door beide gemeenten naar de oplichtingsbeelden van het programma bracht aan het licht dat de boel inderdaad van a tot z in scène was gezet. Van *Scam City* hebben we nadien niets meer vernomen.

Het fake-programma had ook een reportage gemaakt in Rio de Janeiro. Ook tijdens het carnaval. Net als wij nu. En omdat de oneliners van presentator Connor Woodman zo lekker bekken, hebben we de zin die Marijke citeert maar even van hem gepikt. 'We're in Lapa and I think we're in business.' Klinkt goed.

Met 'in business' bedoelde Woodman uiteraard dat hij nu een wijk ging betreden (Lapa) waar het wemelt van de oplichters en waar hij zeker aan de beurt – in business – zou zijn. En alzo geschiedde. Binnen de kortste keren waren de kijkers van het programma getuige van een listige zakkenrol-actie, waarbij Woodman zijn portemonnee kwijtraakte.

Niet veel later werd de presentator in Lapa bijna slachtoffer van een Cinderella Girl. De wakkere Woodman doorzag het bedrog gelukkig tijdig, waarop de dame hem tussen de hossende carnavalvierders blijmoedig uiteenzette hoe zij te werk ging bij andere toeristen die niet zo alert waren.

Sprookjesreportage

Zowel de zakkenrol-actie als het intermezzo met de Cinderella Girl is zeer goed en scherp vastgelegd. Met een verborgen camera, maar ook met een professionele camera. Dat is al best raar. Nog verdachter was dat de loslippige prostituee Portugees sprak en Woodman Engels. Ze konden elkaar dus helemaal niet verstaan. Het leek er sterk op dat een aanwezige tolk er in de montage handig was uitgemoffeld.

Wij moesten zelf in Rio al rap ondervinden dat de werkelijkheid weerbarstiger is dan in de sprookjesreportage van NatGeo. Juist omdat het carnaval was, werd ik helemaal niet gerold. Er zijn dan immers een paar miljoen toeristen die allemaal hutjemutje door de straten van Lapa hossen. Zorg dan maar eens dat een zakkenroller toevallig net jou eruit pikt. Een kans van 1 op 10.000 is nog een optimistische schatting.

Maar wij wensen niet te dokken voor nepoplichting. Het is natuurlijk makkelijk – en misschien ook wel verleidelijk – als het allemaal niet lukt tijdens zo'n reis. Je betaalt een straatjochie honderd euro als hij je portemonnee uit je zak trekt. Simpel.

Maar wij doen dat niet. Nooit? Nee, maar wel bijna. In Rio. Echt waar.

Interview met maffiabaas

Op enig moment komen we in contact met een reisgids die vrienden heeft in de fevela's, de beruchte sloppenwijken in de stad. We willen een interview met een bichero. Dat is een maffiabaas die een deel van zo'n sloppenwijk als burgemeester bestiert.

De bichero's verdienen veel geld met een illegaal gokspel dat op straathoeken in de hele stad wordt gespeeld: Jogo do Bicho geheten. De inkomsten hiervan zouden de motor zijn achter de dansscholen die optreden tijdens de wereldberoemde parade van het carnaval. Een tamelijk onthullend verhaal: dat de hele wereld kijkt naar een door de onderwereld gefinancierd feest.

Voor het interview leg ik de gids uit dat we voor een Nederlands programma werken dat zich richt op toeristenoplichting.

Hij vertelt daarop dat hij in de fevela nog wel een paar 'ratten' kent. Dit zijn Braziliaanse stranddieven. Ze werken in teams van twee man op het beroemde strand van Copacabana. Eentje leidt de zonnebadende toerist af terwijl de ander achterlangs sluipt en een portemonnee of tas weggapt.

De gids wilde voor ons wel eventjes twee van die gastjes ritselen. Voor vijftig dollar konden ze hun kunstje bij mij uitvoeren. Het enige dat ik zou hoeven doen was lekker zonnen en niet te veel op mijn tas letten. Een aanlokkelijk aanbod als je om onderwerpen verlegen zit. Dat moet gezegd. Maar ik ben heel erg blij en trots op mijn team, en dat dit soort apekool nimmer de uitzending zal halen.

Paranoïde

Grappig genoeg is de lokale bevolking in Rio behoorlijk paranoïde ten aanzien van de eigen fevela's. Het gaat om bijna zevenhonderd (!) van die sloppenwijken rondom de stad. De ene is veel riskanter dan de ander, maar ze staan wereldwijd allemaal bekend om hun drugsoorlogen, wetteloosheid, straatbendes en roofmoorden. Niet echt een plek voor een ommetje.

Ook onze bloedeigen taxichauffeur Rodrigues bibbert al bij de gedachte dat-ie ooit een fevela in zal moeten. Maar wij willen dat wel, omdat we dat interview hebben geregeld met die maffiabaas die iets wil onthullen over de financiering van het carnaval.

Rodrigues zal ons voorzichtig afzetten aan de rand van de fevela, maar dan zullen we zelf te voet het gevaar tegemoet moeten treden, vindt-ie. Gelukkig hebben we een afspraak met de gids die ons daar staat op te wachten.

En dan gebeurt er iets wat we op veel meer plekken hebben gezien. Als je grootmoedig de onderbuik van een stad inwandelt, wacht zelden rampspoed. Zo ook nu. Alleraardigste mensen die fevela-bewoners. Ik zal wel naïef zijn, of we waren er misschien net tussen twee bendeoorlogen in. Maar van enig gevaar hebben we niets gemerkt. Integendeel.

Statief kwijt

Als we ons na afloop van het interview weer melden bij de wat bange Rodrigues aan de rand van de sloppenwijk, blijkt dat we het camerastatief zijn vergeten. Het ding staat dus nog midden in de 'levensgevaarlijke' buurt. 'Die zijn we zeker kwijt,' zegt Marco met een zorgelijk gezicht. Hij is als cameraman niet alleen verantwoordelijk voor het statief, maar hij is er ook eigenaar van. Zo'n ding kost al snel een paar duizend euro, een buitenkansje voor een om geld verlegen bendelid wiens kalasjnikov net aan vervanging toe is.

Terwijl we aan de rand van de fevela in onze gedachten afscheid staan te nemen van Marco's dure statief, klinkt er opeens een schelle roep in de verte. Vanuit de sloppenwijk zien we een sjofel vrouwtje aankomen. Met een hand zwaait ze opgewonden, in de andere zeult ze het statief achter zich aan. 'Stomme toeristen! Volgens mij is dit ding heel duur. Moet je beter op letten hoor!' zegt ze vermanend als ze hem even later aan de stomverbaasde Marco geeft.

Ze wil geen fooi als bedankje. 'Nee hoor, dan lijkt het net alsof ik het voor geld doe.'

Brazilië heeft meer dan 200 miljoen inwoners. Rio de Janeiro is de bekendste stad van het land, maar niet de hoofdstad. Dat is Brasilia. In Rio wonen ruim 6 miljoen mensen. De lokale munt is de real en die is bijna 25 eurocent waard.

Hotspots voor oplichters

Het strand van Copacabana

'Strandratten', dieven die in koppeltjes van twee werken. Nummer één leidt je met een smoesje af, terwijl nummer twee je tas achter je weggrist.

Cinderella Goodnight Girls. Dames van lichte zeden die je meelokken naar een bar, een drogerend middel in je drankje stoppen en je daarna beroven.

De uitgaansgebieden van de stad

Zakkenrollers en overvallers die vooral bij pinautomaten toeristen onder bedreiging van een mes of zelfs een vuurwapen beroven.

Mexico

Het trieste grensland van Tijuana

DAAR IS HET staat er in het Spaans. Iemand heeft de tekst in witte letters geschreven op een roestig paneel in de ijzeren grensmuur tussen de Verenigde Staten en Mexico. We staan bij het Plaza Monumental, een oude vuurtoren aan het strand van Tijuana.

De tekst roert me enigszins. Tussen de stalen palen door is een strook niemandsland van een paar honderd meter breed te zien, die weer wordt afgebakend door een hoog hek van gaas. Er patrouilleert een dikke Amerikaanse SUV van de grenspolitie. Het is een beetje heiig en in de verte doemt vaag het silhouet op van de hoogbouw van het centrum van San Diego. 'Daar is het.'

In Tijuana is de grens allesbepalend. De ontembare drang van veel Mexicanen om naar het beloofde land Amerika te gaan, heeft gezorgd voor dit na-koude-oorlogse ijzeren gordijn dat over een afstand van duizenden kilometers de Stille Oceaan met de Golf van Mexico verbindt. Het is een naar gezicht en toch ook wel weer mooi en markant.

Gisteren sprak ik twee mannen die op een muurtje zaten in het centrum van de stad, een tiental kilometer oostwaarts. Het was onder de Boog van de Revolutie (het zal eens niet) aan de Avenida Revolución (uiteraard). Hun gezichten waren getekend, terwijl de jongste amper dertig jaar oud was. De Avenida Revolución gaat vanaf de boog naar beneden, waardoor je vanaf het muurtje waarop de mannen zaten uitkijkt op de rand van de stad, op die vermaledijde muur, op Amerika erachter.

De oudste van de twee, hij is een jaar of 65, vertelde me dat hij hier elke dag zit. Een halfuurtje tijdens zijn lunchpauze. Hij heeft een baantje in de bediening van een restaurant. Hij staart dan naar 'de overkant' en droomt van een kans om nóg een keer te gaan.

Mensensmokkelaar

Het was hem jaren geleden met een mensensmokkelaar namelijk al eens gelukt. Hij had in Amerika een baan gevonden, werd verliefd op een mooie vrouw, kreeg kinderen en daarna ook kleinkinderen. En toen – na heel veel jaren – was alles opeens over. Hij liep tijdens een routinecontrole tegen de lamp. Als illegaal werd hij zonder pardon de grens weer overgezet. Terug in zijn geboorteland, weg van zijn familie.

Ik voel een traan opwellen en doe net of ik last heb van de wind in mijn ogen. Ach ja, je wordt ouder en sneller emotioneel. Zo werkt dat.

Maar we zijn hier natuurlijk om keihard opgelicht te worden. En dat wil maar lastig lukken. Het verhaal is dat je hier als toerist te pas en te onpas wordt gecontroleerd door de politie. Die zo corrupt is als de pest. Ze 'vinden' een overtreding en eisen dan losgeld om een nachtje cel af te kopen.

Om alles zo smooth mogelijk te laten verlopen, hebben we 'aan de overkant' in San Diego een dikke Amerikaanse auto gehuurd. Marijke en ik rijden nu al vier dagen onafgebroken heen en weer door de stad en de nabije omgeving. Met onze *California plates* zijn we natuurlijk *sitting ducks* voor platte politiemannen die een centje willen bijverdienen.

De eerste dag waren we warempel twee keer zonder reden van de weg gehaald. Eén keer door een motoragent en één keer door indrukwekkend zwaar bewapende dienders in een politieauto. Die laatsten droegen kogelvrije vesten en hielden een automatisch geweer dreigend voor hun buik terwijl eentje streng vroeg om mijn rijbewijs.

Prettige vakantie

Maar behalve intimiderend gedoe, was er niks gebeurd. Marijke en ik mochten gewoon doorrijden. 'Prettige vakantie,' riep hij nog. Achteraf denken we dat hij cameraman Marco kan hebben gezien, die ons in een taxi volgde en een eindje verderop nogal opzichtig langs de weg was gestopt.

Ook de motoragent heeft ons niet beduveld. Hij deed wel raar. Ik moest mijn raampje opendoen en het enige wat hij in gebroken Engels zei was: 'Where you go?' Hij bleef zitten op zijn motor, herhaalde deze korte zin driemaal, steeds met lange tussenpozen en een veelzeggende, wat dreigende blik in zijn ogen. Daarna keek hij Marijke en mij nog zeker een halve minuut stilzwijgend aan, waarna hij gebaarde dat we door konden rijden.

Maar dat is al drie dagen geleden. Sindsdien rijden we uren achtereen door het kale grensland. Marco volgt trouw in de taxi achter ons met zijn camera in de aanslag en zijn oortje in. De chauffeur heet Javier. Hij is een heel rustige, wat oudere man die ons wel een stel ondeugende doerakken vindt.

Geouwehoer

Marco luistert mee, zodat hij onze aanwijzingen kan volgen en kan meeluisteren als er iets gebeurt. Daardoor is hij ook getuige van het urenlange geouwehoer tussen Marijke en mij. Je hebt immers verder niks te doen en dan kun je het maar beter gewoon gezellig hebben met z'n tweeën.

Marijke en ik kennen elkaar inmiddels van haver tot gort en de inhoud van de gesprekken is navenant. Voor 90% is het oeverloos gelul. En die arme Marco moet het maar aanhoren. Hij wordt er helemaal gek van en verwijt ons dat we soms een heel gesprek een dag eerder al hebben gevoerd en het dan van voor tot achter opnieuw oprakelen alsof het de eerste keer is. Het frustrerende is dat hij het alleen lijdzaam kan aanhoren, maar geen enkele keer kan ingrijpen. Wij hebben geen oortjes waarmee we hem kunnen horen.

Javier ziet het allemaal aan als een oude, wijze nestor en denkt er het zijne van. Hij spreekt goed Engels. Javier heeft een visum voor de VS. Hij heeft er in het verleden gewoond en zijn vrouw woont er nog steeds. Zij werkt in San Diego, daarom rijdt Javier met zijn speciale pas zo vaak als hij kan de grens over naar zijn vrouw. Wat zal die man die elke dag in zijn lunchpauze naar de muur staart jaloers zijn op Javier. Het is oneerlijk verdeeld in de wereld.

Dan opeens komt Javier met een bizar voorstel. Hij vindt kennelijk dat we genoeg aangemodderd hebben en hij zegt uit het niets: 'Ik heb vroeger bij de politie van Tijuana gewerkt en ik kan wel een paar oude maten ritselen die jullie voor een paar honderd dollar willen arresteren.'

Ongelooflijk verhaal

Dat is de tweede keer in de geschiedenis van ons programma dat we op deze manier een oplossing in de schoot geworpen krijgen. Het is een uiterst verwerpelijke oplossing. Natuurlijk ga ik er wederom niet op in.

Maar meneer De Chauffeur heeft ons dus al dagen zien rotzooien en komt nu aankakken met het verhaal dat hijzelf expolitieman is. 'Vertel me,' begin ik gretig. 'Wat is er waar van al die verhalen van toeristen die in deze stad bij bosjes van de weg worden gehaald door corrupte dienders?'

Javier kijkt me aan met de blik van een vader die zijn zoon

weleens even zal vertellen hoe het er 'in zijn tijd' allemaal aan toe ging. Het is een ongelooflijk verhaal.

Tot voor kort was toeristenafpersing staande praktijk bij de Mexicaanse politie, legt hij uit. Javier onthult dan dat hij zonder specifieke opleiding, maar dankzij de juiste vriendjes een *badge* kon krijgen. Hij moest daarvoor vijfhonderd dollar per week aan een platte politiechef betalen.

Deze chef belegde dan een speciale meeting voor de nieuwelingen bij het korps. Hierin werd uitgelegd hoe je die vijfhonderd dollar het beste kon terugverdienen. Namelijk door toeristen af te persen. Dat was een kunst apart en de fijne kneepjes werden door diezelfde politiechef vervolgens uiteengezet.

Om een concreet voorbeeld te noemen: de meeste toeristen zijn te herkennen aan de net over de grens, in Amerika, gehuurde auto. In de kleine lettertjes van het huurcontract staat echter dat je als huurder alleen in de VS en Canada mag komen met de auto.

Duizend dollar afgeperst

Dit is echter een formaliteit, niemand houdt zich eraan. De Mexicaanse politiemannen werden er door hun superieuren op gewezen dat ze hiermee toeristen konden pakken. Javier heeft weleens een Japans stel duizend dollar laten betalen om een zogenaamde celstraf af te kopen.

Maar hij kon na een paar jaar niet meer leven met de praktijken, hing zijn badge aan de wilgen en werd taxichauffeur.

Als ik Javier vraag waarom wij niet meer worden lastiggevallen, komt hij met een ontluisterend antwoord: 'Een halfjaar geleden is er grote schoonmaak geweest bij de politie in Tijuana. Een nieuwe chef heeft de salarissen extreem verhoogd en pakt oplichting van toeristen heel erg streng aan. Ze durven niet meer.'

Goed, daar sta je dan helemaal in Mexico met je crew. Missie gefaald!

Javier is intussen druk op zoek naar een benzinepomp, want z'n tank is leeg. Beduusd van het verhaal constateer ik hardop dat hij er net eentje voorbijrijdt. 'Nee, niet die. Daar is gerommeld met de kalibratie. Je krijgt er minder liters dan op de meter staat.'

Voilá, het oude onderwerp is dood, leve het nieuwe! Dit is namelijk nogal wat als je er even over nadenkt. Stel je voor dat je in Nederland ontdekt dat, pak 'm beet, Shell op de meter van de pomp tien liter aangeeft, terwijl er in het echt maar negen in je tank zijn beland... Het is een ontiegelijk slimme en snelle en makkelijke manier van gigaveel geld verdienen! Als dat de hele dag doorgaat kun je zo miljoenen pakken. Het land zou te klein zijn.

En nu wordt dit ons in Mexico gewoon in de schoot geworpen.

Belazerd bij de pomp

Javier legt uit dat alle locals precies weten welke benzinestations de boel belazeren. 'De managers van de stations betalen corrupte overheidsambtenaren die de pompen kalibreren. De toeristen zijn allemaal de sigaar, want die weten natuurlijk niet welke het zijn. Wij wel.'

Samen met Javier bedenken we een simpel doch geniaal plan om deze massafraude aan het licht te brengen. We kopen een geijkte jerrycan van vijf gallon en gaan in de taxi naar een fout tankstation. Javier legt aan een bediende uit dat wij in onze huurauto met een lege tank in de woestijn gestrand zijn en dat hij ons daar heeft opgepikt. Of we de jerrycan even mogen vullen dus.

De slang wordt door de medewerker van de pomp gehaald en de benzine gutst de jerrycan in. Zelden heb ik met zo veel spanning naar de teller van een benzinepomp gekeken. Alsof ik met mijn laatste geld in het casino voor een fruitautomaat sta.

Als waar is wat Javier beweert, dan moet er zo meteen als de jerrycan vol zit, meer dan 5 gallon op de teller van de pomp staan.

En aldus geschiedt. Vijf en een halve gallon geeft de teller op het einde aan, terwijl het benzineniveau in de jerrycan nog net onder het streepje zit van de vijf gallon. Dat is ruim 10% te weinig benzine! We halen de manager erbij en als hij ziet wat we hebben vastgesteld, kiest hij meteen eieren voor zijn geld. We krijgen 10% korting en hij zet opzichtig een groot rood-wit gestreept ijzeren hek voor de pomp met GESLOTEN erop.

Het wordt een cool item in de uitzending, want we herhalen de test een paar maal en dat leidt tot een reeks pijnlijke confrontaties.

Oplichters in het buitenland is een aaneenschakeling van onzekerheden, improvisaties, verrassingen, gevaar en mazzel. En op die manier zijn Marijke, Joep, Marco en ik al 26 landen door gezwijnd. Van ons mag dit avontuur nog 26 landen duren.

Mexico is een vat vol tegenstellingen, met aan de ene kant de wuivende palmen rond Cancun en de beroemde stranden van Acapulco, maar aan de andere kant nietsontziende drugsbendes en vuige hoerenbuurten waar je je leven niet zeker bent.

De noordwestelijke grensstad Tijuana telt 1,3 miljoen inwoners. Een Mexicaanse peso is ongeveer 5 eurocent.

Hotspots voor oplichters

Rond de kruising van de Avenida Revolución en Benito Juarez
Hier kom je een in zebrakleuren geverfde ezel (!) tegen met diens eigenaar. Je kunt op de foto met het arme beest. Niet doen, want het kost je zomaar tien euro.

Rondom de Calle Primera
Straatverkopers met 'echt Mexicaans zilver'. Niet kopen, dit is altijd nep.

Bij de benzinepompen richting de grens
Fastpass-verkopers. Dit is een verhaal apart. Om van de VS Mexico in te rijden bedraagt de wachttijd hooguit een paar minuten.

Terugrijden is echter een crime. Urenlange files veroorzaakt door de extreem strenge grenscontrole wekken veel ergernis bij de toerist. Maar er is een escape: de fastpass. Als je een medische noodzaak hebt om pijlsnel in een Amerikaans ziekenhuis behandeld te worden kun je gebruikmaken van de zogenaamde *fast lane*.

Dit is een rijbaan zonder files voor acute gevallen. Er wordt massaal gefraudeerd met de medische fastpassen die je toegang tot de fast lane verschaffen. Een tussenpersoon loodst je naar een corrupte arts die je onderwerpt aan een fake medisch onderzoek. Voor een paar dollar verklaart hij je een spoedgeval en krijg je de felbegeerde pas. Je dient dan wel even een lading antibiotica te kopen bij een bevriende apotheker.

De straten rondom de Calle Coahuila

Een samenklontering van vieze bordelen waar gedrogeerde prostituees alles doen voor een shot.

Jamaica

Levensgevaarlijke achterbuurten, of toch niet?

Het klinkt te krankzinnig voor woorden, maar de volgende scène heeft zich echt afgespeeld. We hebben het (uiteraard) niet in de reportage opgenomen.

Cameraman Joep en Marijke lopen een meter of twintig achter me. Het is halftwaalf in de avond in een duistere achterbuurt van Montego Bay, Jamaica. We hebben alle drie een paar drankjes op. Er klinkt harde muziek van achter een kapotte deur. Tegen een felgeel gekalkte muur staat een schurftige zwerfhond te pissen en een laveloze Jamaicaan zit op een krukje rum te drinken.

Hij kijkt me ongelovig aan. Dan kijkt hij naar links en ziet ook Joep en Marijke lopen. Hij laat een boer, staat op en verdwijnt schouderophalend in het gat van de deur waar de herrie vandaan komt. Alsof hij niet kan geloven dat hier op dit tijdstip drie blanken durven te lopen. Ik ben een beetje branieachtig en roep op mijn zender die Marijke kan horen. 'Goeie genade. Is er dan echt niemand die een mes trekt hier?'

Belachelijk natuurlijk. En daarom is het goed om uit te leggen wat eraan voorafging.

We zijn naar Jamaica gereisd om er onder meer een tamelijk agressieve groep gidsen te onderzoeken. Toeristen klagen op internet veelvuldig dat je in Montego Bay, de plek die charters aandoen vanuit Nederland, ongevraagd op straat een gids krijgt opgedrongen.

Aftikken

Dus je loopt de stad in en opeens is daar iemand die je wel even rondleidt. Nee-zeggen wordt niet geaccepteerd en omdat veel toeristen toch wel wat onder de indruk zijn van het land, laten ze zich met tegenzin meetronen. Voor je het weet loop je achter een druk babbelende Jamaicaan aan, die behalve van de karige geschiedenis van het stadje vooral veel kennis blijkt te hebben van rum en wiet. Want zo is het echt op Jamaica. De clichés vliegen je om de oren. Overal zie je dronken en benevelde mensen rondhangen.

Jouw gids is er vast en zeker ook zo eentje. Want na een korte wandeling loop je opeens niet meer in het toeristische centrumpje, maar bevind je je tot je schrik in een achterbuurt. Je gids gaat je voor naar een lokale kroeg, want al dat rondleiden maakt dorstig. Eenmaal binnen wordt er brutaal op jouw kosten bier besteld. Na een poosje gaat dan plots de deur van de kroeg dicht en staan er opeens een stuk of vijf vrienden van je gids om je heen. Er moet nog honderd dollar worden afgetikt voor de rondleiding. Als je dat niet doet, word je niet meer terug begeleid naar de veilige toeristenwijk. *Scary.*

Je hebt geen idee waar je bent en de talrijke waarschuwingen van reisleiders over ontvoeringen en afpersingen buiten de gebaande wegen op Jamaica gonzen op zo'n moment door je hoofd. De meeste toeristen betalen het gevraagde dan ook meteen en zijn allang blij dat ze vervolgens zonder kleerscheuren worden afgeleverd in het veilige deel van de stad.

Ontvoeringen en berovingen

Tijdens ons verblijf ontdekken we stukje bij beetje dat dat onveiligheidsgevoel echt een ding is op Jamaica. Toeristen, hotelmedewerkers, taxichauffeurs, de lokale politie, iedereen waarschuwt voor plekken waar je als blanke 'absoluut' niet heen kunt. En dat zijn er schrikbarend veel. Het wordt zelfs afgeraden je zomaar zonder begeleiding buiten het hotel te begeven. Ontvoeringen en berovingen, die woorden komen steeds weer terug.

Gevolg is dat de meeste toeristen het zekere voor het onzekere nemen als ze met hun zuurverdiende spaarcenten een reis naar Jamaica hebben geboekt. Ze zitten de hele vakantie veilig op het ommuurde en vaak streng bewaakte terrein van hun all-inclusive resort. De enkeling die zich dan (uiteraard alleen overdag) toch waagt aan een cultureel uitspattinkje in de vorm van een voorzichtig wandelingetje door het centrum van Montego Bay, wordt dan inderdaad maar al te vaak slachtoffer van de afpersgidsen. Gevolg: nog meer mensen blijven wijselijk in hun hotel.

Wij hebben onze intrek genomen in het 4-sterren RIU-resort. Een heerlijke plek waar vooral veel Amerikanen verblijven. Het heeft een vijftal enorme restaurants met werkelijk *top of the bill* eten, een groot, maar nogal ondiep zwembad met een bar erin, elke avond een spetterende show en een strandje dat eerlijk gezegd een beetje tegenvalt. Maar al met al ruim voldoende om een week te verblijven zonder ook maar één keer de omgeving te hoeven verkennen.

Gek beroep

Een beetje bang geworden van alle negatieve reisverhalen maken we ons de tweede dag op voor vertrek naar het centrum van Montego Bay. We willen hier immers ook opgelicht en afgeperst worden. Zo simpel ligt dat met dit gekke beroep.

Twintig meter naast de frontdesk staat een groot bord met een stuk of tien bestemmingen met daarachter de taxiprijzen. Ernaast zit een man op een kruk. Ik schrik. Dit is ongeveer even duur als in Nederland! Een ritje naar de Hip Strip aan de andere kant van het vliegveld is al vijftien dollar. Dat is maximaal tien minuten. De Hip Strip is trouwens een straatje met een paar bars en wat souvenirwinkeltjes. De man op de kruk is degene die, nadat je van de schrik om de exorbitante prijzen bekomen bent, een taxi voor je kan regelen. Ik loop op hem af en vraag waarom het allemaal zo duur is.

Hij kijkt me aan en zucht. 'Ach meneer. Wij regelen alleen de veilige taxi's voor onze gasten. U bent verzekerd van een eerlijke chauffeur. Als u iets in de taxi vergeet, brengt hij dat 100% zeker netjes terug naar het hotel. De chauffeurs die wij regelen zullen u niet beroven of ontvoeren.'

Dat is fijn om te weten. 'Maar hoe zit het dan met de onveilige chauffeurs op dit eiland,' vraag ik. Weer een zucht: 'Het is een *jungle out there*', en hij wijst veelzeggend over zijn schouder naar het hek dat het hotel scheidt van de boze buitenwereld. Aan de overkant van de weg zit een groepje mannen in de schaduw van een bushokje. Ernaast twee 'gevaarlijke' taxi's.

De gevaarlijkste achterbuurt

Voor vijftien dollar zitten we even later in een extreem veilige taxi. Iets in me zegt dat hier iets niet klopt. Als we uitstappen waarschuwt ook de chauffeur ons met een bezorgd gezicht voor allerlei gevaren. Hij wijst waar we – als het dan echt zo nodig moet – eventueel wel heen kunnen gaan en benadrukt vervolgens waar we in ieder geval zeker niet heen moeten gaan. De wijk The Golly, bijvoorbeeld, is helemaal mis.

Omdat vaak stelletjes de dupe zijn van de gidsenoplichting gaan Marijke en ik deze keer samen wandelen. Joep loopt als een onbekende derde toerist een stuk achter ons, gewapend met zijn consumentencameraatje. Marijke en ik hebben allebei onze verborgen camera's in onze tassen aangezet en lopen alvast vooruit. Als echte resortgasten kijken we onze ogen uit. Wat een couleur locale. Tussendoor turen we steeds in een reisgidsje. Zo doen we dat bij *Oplichters in het buitenland*. Qua opnameduur kunnen we nu vier uur filmen zonder ons te hoeven bekommeren om lege batterijen of een volle flashkaart. Ideaal is dat.

Na welgeteld drie minuten loopt er opeens een sjofel mannetje naast ons. Nu al? Ja, nu al.

'Waar komen jullie vandaan?' Als Marijke en ik per ongeluk in koor 'Holland' roepen weet de man niet hoe snel hij al onze grote voetballers moet opratelen. Na de vierde poging om Patrick Kluivert goed uit te spreken zeg ik, om hem te testen, dat we weer verder moeten. Ik loop meteen met Marijke bij hem vandaan. Maar na twee tellen is hij weer naast ons.

Er voegt zich nu een tweede mannetje bij ons. Ook iemand die veel van onze voetballers blijkt te kennen. De man die het eerst was kijkt hem boos aan. 'Opdonderen,' lijken zijn ogen in het Internationaals te zeggen. Mannetje twee druipt af en ik hoor hem achter ons Joep aanspreken. Nummer één is nu weer alleen en hij zegt dat hij ons wel even door de stad zal rondgidsen. Beet.

Scheldkanonnade

Joep heeft wel wat beters te doen en probeert intussen achter ons zijn gids af te poeieren. Dat komt hem op een fikse scheldkanonnade te staan. Of-ie wel 'goed bij zijn hoofd is'. 'Je moet hier een gids in de arm nemen,' wordt die arme Joep te verstaan gegeven, terwijl er een walm rumlucht over hem wordt uitgeblazen. Na wat gesteggel laat gids 2 onze cameraman incognito kennelijk toch met rust, want als ik even later achteromkijk, loopt Joep weer trouw in ons voetspoor.

De wandeling voert over de hoofstraat van het stadje. Eerst komen we bij Sam Sharpe Square waar onze gids iets aardigs vertelt over The Cage, een historisch gevangenisje. Er vlakbij staat het National Heroes Monument. Het betreft een paar bronzen figuren in een soort zandbak. Dan lopen we St. James Street op. Onderweg vallen vooral – het blijft een cliché, maar daarom juist misschien wel niet minder waar – de vele stonede figuren op.

'Kijk daar,' sist Marijke naar me. Haar stem is vol ontzetting. Op de stoep langs St. James Street zit voor de ingang van een vrij drukke winkel een man met ontbloot onderlijf. Hij kijkt glazig voor zich uit en trekt zich af. Voorbijgangers schenken er totaal geen aandacht aan. Marijke kokhalst en ook ik word even onpasselijk. Waarom niemand er iets van zegt, vragen we onze gids verbijsterd. 'Ach, het mag eigenlijk niet. Maar deze man is geestelijk gehandicapt, dus we laten hem maar. Hij zit hier bijna altijd,' zegt de man neutraal en gaat ons voor linksaf Church Street in.

Het pièce de résistance

Hij heeft nogal rooddoorlopen ogen, valt me op als hij rechts van Church Street bij een lang hek blijft staan. Erachter een oude kerk. De gids glundert nu, want dit wordt het pièce de résistance van de toer. 'Kijk meneer en mevrouw: de St. James Parish Church,' zegt hij terwijl hij een kleine buiging maakt. We lopen verder langs het hek. En passant wijst hij ons ook op een oud koloniaal huis aan de overkant van de kerk.

We gaan de poort van het kerkterrein door en wandelen naar het gebouw. De gids zegt nog wat over een grafsteen en na heel even binnen te zijn geweest begint-ie over dorst. Nu zul je het krijgen. Marijke en ik kijken elkaar aan: 'Aha, dit is deel twee van het verhaal,' fluister ik, terwijl ik me realiseer dat ik natuurlijk helemaal niet hoef te fluisteren.

Via een achteringang verlaten we het terrein van het kerkje weer en opeens staan we inderdaad in een gebied dat meer weg heeft van een lokale achterbuurt, dan van het toeristische centrum. Onze gids begint iets harder te lopen en na vier keer te zijn afgeslagen, hebben we geen idee meer waar we zijn. Ik kijk even achterom en zie Joep nergens meer. Marijke en ik staan er alleen voor.

In de aanslag

Dan glipt onze gids een cafeetje binnen. Een seconde later steekt zijn hoofd weer door de deur. Hij gebaart dat we binnen moeten komen. Het lijkt of hij in die ene seconde heeft gecheckt of zijn maten in de aanslag staan om ons zo af te gaan persen. Toch wel een beetje griezelig dit. Marijke en ik stappen het cafeetje binnen. Ik voel of mijn portemonnee nog in mijn tas zit.

Nadat onze ogen aan het duister gewend zijn, zien we een oud mannetje aan de toog en een bardame erachter. Aan het einde van de bar hangt een tv waarop een voetbalwedstrijd te zien is. 'Beer,' roept onze gids tegen de bardame en hij gebaart vragend naar Marijke en mij wat wij willen. Even later zitten we met z'n drieën aan een tafeltje ons drankje te doen.

Dit voelt een stuk minder bedreigend dan we hadden verwacht. Maar wat niet is, kan natuurlijk nog komen. Als we onze consumptie op hebben en de gids zijn tweede biertje achterover klokt, is het tijd om te betalen. De gids zegt zonder schaamte in zijn stem dat wij maar even moeten betalen. Hij is immers gids en heeft reuzedorst gekregen van al het gepraat. Dit klinkt ook best billijk. Iemand dringt zich weliswaar op, maar ach. Na een wandelingetje van een kwartier is een vergoeding van twee biertjes natuurlijk ook weer geen complete rip-off.

Hij neemt ons weer mee naar buiten. Marijke en ik kijken elkaar vragend aan. Was dit het echt? Zijn we hiervoor helemaal naar Jamaica gevlogen? De man gaat ons voor en een vriend van hem voegt zich bij ons. Maar zonder kleerscheuren worden we keurig afgeleverd bij het monument van de nationale helden op Sam Sharpe Square.

Kunnen we zo weglopen? Nee, niet helemaal. Onze gids buigt zich naar me toe en zegt met een dwingende toon dat er nu betaald dient te worden voor de rondleiding. Ik vraag hem hoeveel. Hij zegt veertig dollar. Dat vindt ik wel erg veel voor vijftien minuten wandelen plus twee bier.

Schichtig

Maar nog voor ik mijn onvrede kan uiten, verslapt zijn aandacht voor Marijke en mij. Hij kijkt schichtig langs me. Ik draai me om en zie dat er een agent in traditioneel uniform achter ons langsloopt. De agent kijkt streng en veelzeggend naar onze gids. Als ik me weer omdraai, zie ik dat de gids en diens vriend vertrokken zijn. De trip heeft ons werkelijk maar twee biertjes gekost. We zijn niet bedreigd in een lokale bar. En we hoefden geen honderd dollar te betalen. Was dit de light-variant van de afpersingstruc?

In Nederland heb ik voor vertrek gesproken met een echtpaar dat hier hun huwelijksreis in het water zag vallen. Zij waren wel stevig aan de beurt. Twee gidsen hadden zich aan hen opgedrongen. Het kersverse stel moest – na in een achterbuurt in een bar te zijn gelokt – onder dwang honderd dollar afrekenen. Heel erg bang zijn de twee na betaling afgezet in het toeristische deel van Montego Bay.

Vlak voor hun afpersing had de man van het stel nog een foto gemaakt van de twee afpersgidsen in de bar waar de scam minuten later plaatsgreep. Die foto heb ik meegenomen hierheen. Ik voel nu een missie: het vinden van de twee daders. Lastig in een stad als Montego Bay, maar vast niet onmogelijk.

Nog een beetje bang

De tweede ochtend. Een beetje minder bang dan gisteren wagen we ons in de boze buitenwereld buiten het veilige hek van ons hotel. Er stappen direct drie opgetogen taxichauffeurs op ons af. Of we een rit willen. 'Ja,' zeg ik tegen de eerste. 'We willen naar het centrum van Montego Bay. Want we zoeken twee locals.' De man heet Waine en hij heeft een fijne SUV met airco tot zijn beschikking. 'Ik breng jullie voor tien dollar,' zegt hij met een opgetogen gezicht van iemand die na lang wachten eindelijk een westerling als klant heeft. Hij kijkt even naar de foto van de twee afpersers die ik in m'n telefoon heb. 'Die ken ik niet, maar we gaan ze vinden,' antwoordt hij. Hij lijkt het geen gekke vraag te vinden.

Waine, die door het hotel onder de badguys wordt geschaard, blijkt een alleraardigste man te zijn. Hij is zelfbenoemd zanger. Niet van reggae zoals je zou verwachten, maar van onvervalste Jamaicaanse smartlappen. Hij brengt meteen maar zijn laatste compositie ten gehore. Uit volle borst zingt hij een lied over het onrecht dat hotels de eerlijke taxichauffeurs van buiten de resorts aandoen. We houden nu al van Waine.

Hij heeft zijn eerste lied nog niet beëindigd of hij lepelt zijn prijzen op voor de trips naar alle bestemmingen op Jamaica. Het dorp van Bob Marley, The Blue Mountains, alles komt aan bod. En steevast zijn zijn tarieven minimaal 30% lager dan die van het hotel. We krijgen langzaam een hekel aan de vooringenomenheid van de reisleiders en de hotelmedewerkers en we gaan steeds meer van Waine houden.

Ik overhandig hem mijn telefoon met de foto van de boeven. In Montego Bay stopt hij een aantal keer en klampt locals aan die hij de foto op mijn telefoon laat zien. Bij de derde poging zegt iemand dat het om twee reisgidsen gaat. Dat gaat de goeie kant op! Waine concludeert dat het lieden uit The Golly moeten zijn, de beruchtste wijk van de stad. Met tegenzin rijdt hij erheen.

Daar zijn ze

Na een minuut of tien, aan de buitengrenzen van de beruchte buurt, zie ik opeens in het voorbijgaan twee Jamaicanen op een stoepje hangen die verdacht veel lijken op de afpersers. Ik maan Waine te stoppen en wil uitstappen. Waine voelt zich verantwoordelijk voor onze veiligheid als een vader voor zijn kinderen en hij flipt totaal. 'Ben je helemaal gek geworden!' briest hij. 'Hier uitstappen is gelijk aan zelfmoord. Zelfs ik durf hier niet over straat. Niet eens overdag,' vervolgt hij dreigend.

Maar we zijn pas aan de rand van The Golly en de mannen ogen niet levensgevaarlijk. Ze staan gewoon te kletsen en lijken lol te hebben. Dus stap ik toch maar gewoon uit en loop op ze af. Stel dat ze het zijn. Deze kans laat ik niet glippen. Terwijl ik ze nader, blijft Waine tegen Joep en Marijke losgaan over het grote gevaar dat ik loop. Zij zijn in de auto achtergebleven, zodat Joep me door de voorruit kan filmen.

De twee mannen groeten me echter heel vriendelijk en ik laat ze de foto zien. 'Zijn jullie dat?' vraag ik beleefd. Ze lachen om de treffende gelijkenis. 'Nee, maar ik ken ze wel,' zegt een van hen. 'Het zijn toeristengidsen. Je moet maar een beetje blijven rondvragen, dan vind je ze wel. Volgens mij wonen ze die kant op ergens.' De man wijst inderdaad richting The Golly. Zonder een spoor van agressie te tonen, draaien ze zich weer om en vervolgen het gesprek waarmee ze bezig waren.

Als ik weer bij mijn collega's en Waine instap, blijkt Waine nog steeds in alle staten. Ik moet hem plechtig beloven nooit meer zoiets idioots te doen. De rest van de dag komen we niet echt verder met onze speurtocht. Waine zet ons uiteindelijk op mijn verzoek aan het einde van de middag maar af bij de kerk waar we gisteren met onze reisgids zijn geweest.

Een stuk minder bang

We zijn inmiddels een stuk minder bang en bedenken dat we zelf wellicht wat kunnen gaan rondvragen. Joep moet nu weer in zijn rol van eenzame toerist schieten en gaat weer een meter of twintig achter ons lopen. Je weet maar nooit wat er gebeurt. En we willen nu nog absoluut niet aan elkaar gekoppeld worden door eventuele oplichters en afpersers.

Op St. Claver Avenue, voor een supermarktje, staat een Indiër die ik op goed geluk aanspreek. 'Ik zoek deze twee heren, kent u die?' vraag ik en laat hem de foto op mijn iPhone zien. Hij schrikt zichtbaar en antwoordt: 'Ja, dat zijn gevaarlijke figuren. Ze geven rondleidingen aan toeristen. Maar ga nooit met ze mee, want dan word je heel erg opgelicht.' We komen steeds dichter bij het vuur. Als ik dan vraag of hij weet waar ze zijn, zegt hij: 'Ik weet hun namen niet, maar volgens mij komen ze uit The Golly. Daar moet u echt niet heen gaan hoor. Levensgevaarlijk.'

De derde dag lopen Joep, Marijke en ik rechtstreeks naar het bushokje voor het hotel. Gelukkig staat daar onze nieuwe vriend Waine. Hij brengt ons graag weer naar het centrum. We vertellen hem nu dat we bezig zijn met een tv-programma en dat we de twee afpersers daarom moeten vinden. Waine transformeert nu in Ethan Hawke. Hij praat vanaf dit moment uitsluitend nog een soort maffia-Amerikaans en is onze geheim agent. Hij zal ons – op 'need to know'-basis – de komende vier dagen overal heen brengen. Deze mission impossible moet slagen, vindt hij.

Vraag naar Waine

Dikke vinger trouwens naar de stomme, suffe, dure hotelchauffeurs. Iedereen die dit leest en naar Jamaica gaat: ga naar het RIU, vraag bij het bushokje voor de hoofdingang naar Waine. Als Waine er niet staat, neem dan een van de anderen die daar wachten.

Ze zijn goedkoper, betrouwbaarder en aardiger dan alle 'veilige' taxichauffeurs van de resorts bij elkaar.

Waine zingt zijn vijfde levenslied als we Montego Bay weer in rijden. Hij zal in zijn vriendenkring navraag doen en we geven hem een papieren kopie van de foto van de afpersers. Risicovol. Want als te veel mensen op dit eiland weten wat we aan het doen zijn, kan alles natuurlijk ook zomaar worden stukgemaakt. Maar soms moet je met hagel schieten om je doel te raken. En ja, als je Ethan Hawke niet meer kunt vertrouwen in deze wereld, wie dan wel?

We worden nu afgezet op Harbour Street. Daar is de Harbour Street Craft Market. Louter voor toeristen, met allemaal kitsch. Een kunstmatig plein met kraampjes dat helemaal lijkt te zijn ingericht voor Amerikanen die met hun cruiseschip het eiland aandoen en even snel wat snuisterijen willen inslaan om thuis bewijs te hebben van hun bezoek aan Jamaica. Bob Marley is uiteraard alomtegenwoordig. Op vlaggen, mokken, pennen, noem maar op. Maar blijkbaar is er vandaag geen cruise, want de verkopers hangen doelloos voor hun winkeltjes en er is verder geen kip te bekennen.

In onze vaste samenstelling wandelen Marijke, Joep en ik voor de derde keer het centrum in. Nog voor we bij The Cage zijn, is daar opeens weer een naar drank ruikend kereltje. Hij wil ons (uiteraard) de stad laten zien. Marijke en ik laten ons gedwee meevoeren.

Drankje voor de dorst

Deze gids is blijkbaar van-de-snelle want zonder ook maar één bezienswaardigheid te hebben toegelicht, dirigeert hij ons al een barretje in. 'Eerst een drankje voor de dorst,' zegt hij met de pretoogjes van een kind dat een snoepje mag uitzoeken. Hij bestelt een rum op mijn kosten en steekt ook gelijk maar een dikke joint op.

Joep blijft in de straat voor het etablissement doelloos achter. Ik geef deze nieuwe gids zijn drankje, denkend dat we misschien wel wat aan hem kunnen hebben.

Weer buiten (zonder te zijn afgeperst) toon ik hem de foto van de twee afpersers van het arme Nederlandse huwelijkspaar. Hij barst in een schaterlachen uit. 'Haha, kennen jullie die?' vraagt hij vol ongeloof. 'Dat zijn Ush and Bolt. Dat zijn mijn collega's, mijn maten! Ze leiden al jaren toeristen rond. Wacht maar, ik ga ze wel even voor jullie zoeken.' Het zal toch niet waar zijn! We wachten natuurlijk niet, want zo meteen zijn we deze dronkaard kwijt omdat-ie ergens anders weer een rummetje krijgt aangeboden en ons dan subiet is vergeten. We lopen dus vol verwachting achter hem aan.

En geloof het of niet. Een kwartier later zitten we in de Bob Marley Bar (echt waar) in een achterbuurt van Montego Bay samen met de twee mannen die enkele jaren ervoor de huwelijksreis van het Nederlandse stel compleet hebben verziekt. Ik pak de foto erbij en stel vast dat dit inderdaad de heren zijn. Sterker nog, dat dit ook dezelfde bar is als waar het koppel destijds is afgeperst.

Trots

Dan laat ik hun de foto ook zien. Zonder zich af te vragen hoe ik eraan kom, houden ze hem om beurten trots naast hun gezicht. 'Wel wat ouder geworden, hè!' zeggen ze allebei lachend.

Ik zeg dat het een foto is van vrienden uit Nederland en dat die me hebben gevraagd om op zoek te gaan. Want 'mijn vrienden uit Nederland willen jullie iets zeggen'. Zonder een spoortje van bedenkingen knikken ze gretig. Ze lijken te denken dat ik ze zo ga overladen met loftuitingen op hun sublieme rondleiding van destijds. Maar ik moet ze natuurlijk nu verbaal gaan aanpakken. Hier in deze afperskroeg. Met alleen Marijke en ik als enige westerlingen.

Ik bied ze een biertje aan en bedenk hoe ik dit het best kan doen. We voelen ons toch wel een beetje onzeker. Ik besluit Joep erbij te halen. Ik heb net een sms van hem gehad. Hij is inmiddels bij Waine ingestapt en wacht lekker in de auto om de hoek van deze kroeg. Met Marijke loop ik naar buiten en wenk hem. Joep kijkt me ongelovig aan. 'Moet ik mee naar binnen?'

Binnen gebeurt daarna iets bijzonders. Ik vertel de afpersers gewoon eerlijk het angstige relaas van het koppel. En in plaats van boos te worden of te gaan dreigen, schamen ze zich. De mannen leggen uit dat zij de indruk hebben dat honderd dollar een klein bedrag is voor westerlingen. Dat dat een redelijke prijs is. Ja, misschien hadden ze wel wat gedreigd, maar dat ze daarmee de hele huwelijksreis van het stel verpest hadden, was niet bij ze opgekomen. Ze betuigen midden in de afperskroeg hun spijt en beloven plechtig om het nooit meer te doen. Voor wat het waard is.

Missie geslaagd

Na een halfuurtje stappen we weer in bij Waine die ons keurig bij ons resort afzet. We hoeven maar half tarief te betalen omdat 'de missie geslaagd is', zegt hij trots. Ik betaal hem het dubbele.

We spreken af voor de volgende dag, want we willen ook de andere oplichtingstrucs van Jamaica ontdekken. Waine wijkt de hele week niet van onze zijde. En aan het einde van ons verblijf hebben we alle *tricks and kicks* van het eiland onderzocht. Er is veel te beleven, je kunt er op veel manieren worden beduveld en inderdaad, als je de verkeerde treft, kun je ook echt wel gevaar lopen. Maar de bangmakerij van de touroperators, de hotels en de taxichauffeurs van de hotels, is zeer sterk overtrokken. Jamaica heeft zeker een drank- en drugsprobleem, maar bijna alle mensen zijn gewoon vriendelijk.

Op onze laatste avond laten we ons dan afzetten op de befaamde Hip Strip; volgens ons hotel hét uitgaansgebied. Er is werkelijk niets te beleven. Een paar suffe bars, een paar verveelde prostituees, vooral veel mensen die je wiet proberen te verkopen en om elf uur gaat alles dicht. Is dit nu het feesteiland Jamaica? Hier in ieder geval geen spoor van dampende reggae nights.

Dus sjokken we met z'n drieën gedesillusioneerd nog maar een keer het 'gevaarlijke' Montego Bay in. Ik loop nu alleen. Om de goden te verzoeken. Het is kwart over elf, en geen westerling waagt zich op dit tijdstip in het centrum. Wij zijn de enigen. Onze verborgen apparatuur hebben we bij ons, want we sluiten niet uit dat we op de Hip Strip nog iets tegenkomen dat voor opname interessant is. Er gebeurt totaal niets.

In het centrum van de stad zijn nog wel kroegen open, maar die zijn erg beduimeld, en worden uitsluitend bezocht door Jamaicanen. Iedereen die ons ziet kijkt enigszins verbaasd, maar niemand steekt een vinger naar ons uit. We worden slechts gegroet. 'Goeie genade. Is er dan echt niemand die een mes trekt hier,' schamper ik. Ik hoor Marijke achter me gniffelen.

Jamaica is qua oppervlakte ongeveer een kwart van Nederland. Er wonen bijna 3 miljoen mensen. De hoofdstad is Kingston, maar de meeste reisorganisaties bieden reizen aan naar Montego Bay. De munt is de Jamaicaanse dollar. Daar gaan er 130 van in een euro.

Hotspots voor oplichters

Het hele centrum van Montego Bay
Afpersgidsen.

Alle westerse resorts
Veel te dure taxi's.

Negril en het centrum van Montego Bay
Geldwisselaars die na het bedrag te hebben uitgeteld, ongemerkt een deel van de biljetten weer in hun zak laten verdwijnen en daarna pas uitbetalen. Let op: deze heren kunnen behoorlijk intimiderend zijn, vooral in Negril.

Hele eiland
Mensen die je wiet willen verkopen en erbij melden dat dit in Jamaica legaal is. Dit is niet zo. Drugsbezit en drugsgebruik zijn strafbaar.

Autoverhuurders die schade verzinnen bij het terugbrengen, en dat dan in rekening brengen.

Cuba

Cuba, een van de schilderachtigste plekken ter wereld, is een zeer arm vakantieland dat al een aantal jaren flink in opkomst is. In de hoofdstad Havana wonen iets meer dan 2 miljoen mensen. Alhoewel arm is het leven voor een toerist er relatief prijzig. De lokale munt is de CUC, die vreemd genoeg gekoppeld is aan de gehate Amerikaanse dollar. Een Cubaanse peso is dus precies een dollar waard.

Hotspots voor oplichters

Het vliegveld

Oplichtingstruc nummer 1 in Cuba ontrolt zich gelijk bij aankomst op het vliegveld. Omdat je in het land zelf maar mondjesmaat kunt pinnen en creditcards nog geen gemeengoed zijn, word je als toerist min of meer gedwongen om je euro's op het vliegveld om te wisselen in CUC's. Dat zijn overigens de zogenaamde toeristenpeso's. De echte lokale munt kun je als reiziger niet gebruiken.

Na elk vliegtuig dat landt vormt zich een lange rij voor het wisselkantoor. Bij de luchthaven van Havana zijn dat er twee, links en rechts naast de uitgang. Het zijn grote bedragen die er op een dag doorheen gaan. Per reiziger makkelijk vijfhonderd tot duizend euro.

De oplichting is simpel maar doeltreffend. De dame achter het loket van het wisselkantoortje geef je bijvoorbeeld tien briefjes van vijftig euro. Ze telt het na en zegt met een stalen gezicht: 'Dat zijn er dan negen, vierhonderdvijftig euro dus.'

Madam heeft zojuist één biljet vlug weggemoffeld onder een richel voor haar. Veel toeristen zijn moe van de reis en concluderen voor zichzelf dat ze dan zelf wel verkeerd geteld zullen hebben.

Wij hebben de proef op de som genomen en tijdens vier sessies van elk vijfhonderd euro wisselen werd er in totaal tweehonderd euro verdonkeremaand. Je hoeft geen Albert Einstein te heten om te kunnen schatten hoe enorm veel geld er per dag wordt gejat op de Cubaanse vliegvelden.

De stad Havana

Mannen die je meelokken naar de woning van een zogenaamde medewerker van een van de beroemde sigarenfabrieken op het eiland. In huiskamertjes etaleren ze daar de door hen achterovergedrukte Cohiba's of Romeo et Julia-sigaren die je dan voor de helft van de echte prijs kunt aanschaffen. In een originele doos.

In werkelijkheid word je opgelicht. De sigaren worden in ondergrondse ateliers nagemaakt van afvalbladen. De sigarenbandjes en de doosjes waar ze in zitten zijn wel echt. Die kopen de oplichters rechtstreeks bij de echte sigarenboer.

Een nepsigaar, lokaal aangeduid als *banana leaf*, is eenvoudig te herkennen. Scheur voorzichtig het dekblad los en eronder zit niet zoals het hoort een rolletje bladeren, maar een prop afval.

Mojito's

Stelletjes die vragen of je zin hebt om een originele Cubaanse dansavond mee te maken. Ze hebben er ook de enige echte Cubaanse Mojito. Niet meegaan. De dansavond is bij aankomst nog niet begonnen (begint ook nooit) en terwijl je tevergeefs zit te wachten, krijg je heel smerige Mojito geserveerd die – en daar komt de aap uit de mouw – minstens tweemaal zo duur is als elders. Conclusie: het stelletje werkt voor de zogenaamde danstent en vangt commissie.

Restaurantoplichting

Figuren die je wel op weg willen helpen naar een goed restaurant. Het restaurant is niet heel best, maar belangrijker: je mag je gerechten kiezen van de rode kaart. Als je even oplet zie je dat reizigers die op eigen houtje binnenliepen een groene kaart voor zich hebben. Het verschil zit hem behalve in de kleur, in de prijzen. Voor precies hetzelfde gerecht betaal je 50% extra.

Melkpoedertruc

Dames die vertellen dat ze melkpoeder voor hun baby'tje nodig hebben. Hun geld is op en nu verhongert het kind. Of je mee wilt gaan naar de winkel en het spul daar voor ze wil kopen.

Erg veel toeristen trappen hier in. Hoe kun je immers opgelicht worden als je zelf iets voor ze koopt? Dat kan op Cuba. De dame heeft helemaal geen kind en werkt samen met de winkelier. Ze gaat je voor naar een speciaal schap met melkpoeder, waar de etiketjes het dubbele bedrag aangeven van de pakken in een schap verderop. Maar dat weet je niet. Na het afrekenen, gaat de oplichtster in één streep terug naar de winkel en levert het pak melkpoeder weer in. Het door jou te veel betaalde bedrag wordt gedeeld met de verkoper.

Las Vegas

Zelden blijven toeristen langer dan een dag of drie in Las Vegas. Het is een gekmakende, luidruchtige, liederlijke plek waar de hele dag en de hele nacht aan een stuk door feest wordt gevierd. En waar alles anders is dan in de rest van Amerika. Je ziet dames topless op straat lopen, mensen in de hotels en casino's roken of met een *yard* vol drank over The Strip zwalken. Het mag allemaal in Las Vegas, een betrekkelijk kleine stad met zo'n 600.000 inwoners.

Hotspots voor oplichters

The Strip en het oude centrum rond Fairmont Street

In de bocht bij Harrah's staan verkopers van toegangskaartjes voor dure clubs. Ze bieden ook limo-service en slijten je kortingsbonnen voor restaurants. Niet kopen. Alles wat ze verkopen wordt verderop gratis uitgedeeld.

Verder kom je zakkenrollers tegen, nepbedelaars, verkopers van gestolen zonnebrillen, balletje-balletjespelers en time-shareverkopers.

En wees bedacht op zwervers die het cashback-bonnetje uit je gokkast pikken als je even niet oplet.

Vooral in de buurt van New York New York

Dames bij een rode parasol die speciale clubtours aanbieden. Voor een aantrekkelijk bedrag kun je gedurende een aantal uren van club naar club hoppen. Niet meegaan. De rijen bij de clubs zijn zo lang dat je er maar eentje of met mazzel twee kunt bezoeken. Je bent dus duurder uit.

En het meest schrijnend van alles: *dwellers*, dit zijn mensen die in de afwateringstunnels onder Las Vegas wonen en die zichzelf in hun wanhoop naar een graantje van de rijke toerist als martelaar aanbieden. Voor twintig dollar mag je ze zo hard als je kunt in hun kruis schoppen. En geloof het of niet, er zijn erg veel toeristen die hierop ingaan.

Buenos Aires

De hoofdstad van Argentinië is werkelijk prachtig. Je waant je eerder in Europa dan in Zuid-Amerika. Voor toeristen is vooral de waarde van de lokale munt, de peso, lastig. Want die fluctueert door de economische crisis enorm (zie hieronder). Verder is er niets te merken van enige economische malaise. In Buenos Aires (3 miljoen inwoners) is alles te koop, heeft elke wijk zijn eigen romantische *feel* en is de tango nooit ver weg.

Hotspots voor oplichters

De hele stad en alle taxi's

Nepbriefjes van vijftig en honderd peso. Vals geld wordt in deze stad massaal in omloop gebracht en sommige kopieën zijn voor de vreemdeling nauwelijks van echt te onderscheiden. Compleet met watermerk en andere echtheidskenmerken zoals glimmende vlakjes. Argentijnen zelf worden zelden het slachtoffer van vals geld. Met name taxichauffeurs en restauranthouders bieden de briefjes aan als wisselgeld voor toeristen.

Calle Florida

De illegale geldwisselaars van de Calle Florida zijn in feite anti-oplichters. Want als toerist ben je niet goed snik als je in Buenos Aires in een officieel wisselkantoor je euro's voor peso's gaat wisselen. De biljetten bij de illegale *gambista's* zijn altijd echt en de koers ligt minimaal 50% boven de officiële wisselkoers. Dat ze altijd echt zijn, schijnt te komen doordat de corrupte Argentijnse politie erachter zit. Die 'verhuurt' namelijk naar verluidt stukjes stoep langs de winkelstraat waar de wisselaars gedoogd worden. Omdat de politie geen gelazer wil met al te nieuwsgierige en boze toeristen, zijn valse peso's hier taboe.

De prachtige koers die je clandestien krijgt, heeft te maken met de economische crisis en de vlucht van de lokale bevolking in waardevast geld als euro's en dollars.

Van staatswege is het verboden voor Argentijnen om peso's te wisselen. Gevolg is een bloeiende zwarte markt. Er wordt op de Calle Florida om de tien meter 'gambio' naar je gesist.

Het devies is daarom nadrukkelijk: vooral meegaan! Een sjacheraartje gaat je voor naar een of ander winkeltje dat als dekmantel dienstdoet, bijvoorbeeld een lingeriezaak of een shop voor tonervullingen. Binnen is het helemaal leeg. In een hoek staat alleen een bureautje waar de wisselbaas op je wacht. Niet schrikken als iemand achter je de deur op slot draait. Je loopt geen enkel gevaar. Vertrouw deze louche mensen gerust al je euro's toe, want het legt je geen windeieren.

Er kleeft een piepklein probleempje aan de illegale gambista's. En dat is het terugwisselen. Als je Argentinië verlaat en je wilt je peso's weer omwisselen voor dollars of euro's. Dat kan niet bij een officieel wisselkantoor. Daar kun je slechts terugwisselen als je de oorspronkelijke 'heen-wisselbon' laat zien. En die heb je natuurlijk niet want je hebt slim op straat gewisseld.

De gambista's hebben er een handje van om je bij het terugwisselen valse dollars te geven. En die zijn mirakels goed nagemaakt. Je ziet het verschil met de echte niet.

Het *overall* devies is dus: wissel illegaal op straat, maar precies zo veel als je nodig hebt.

Achterbuurten zoals La Boca en Retiro

Volgens de plaatselijke bevolking zijn alleen de twee toeristische straatjes aan de rand van de beroemde wijk La Boca veilig tot een uurtje of vijf 's middags. Dit is in de omgeving van de kruising Garibaldi en Magallanes.

Deze wijk, onder meer bekend vanwege Diego Maradonna die er zijn eerste schreden op het voetbalpad zette, zou 's avonds een poel van verderf zijn. Taxichauffeurs durven je er nauwelijks af te zetten.

Om eerlijk te zijn: ik heb er in het holst van de nacht moederziel alleen doorheen gewandeld om te zien wat er waar is van alle verhalen. Er is mij niets overkomen.